Peindre sa Maison

D&D

TECHNIQUES & AMBIANCES

David Carter

Peindre sa Maison

Texte de Charles Hemming
Adaptation française de Catherine Métais-Bührendt

Gründ

Garantie de l'Éditeur
Malgré tous les soins apportés à sa fabrication, il est malheureusement possible que cet ouvrage comporte un défaut d'impression ou de façonnage. Dans ce cas, il vous sera échangé sans frais. Veuillez à cet effet le rapporter au libraire qui vous l'a vendu ou nous écrire à l'adresse ci-dessous en nous précisant la naure du défaut constaté. Dans l'un ou l'autre cas, il sera immédiatement fait droit à votre réclamation.
Librairie Gründ - 60, rue Mazarine - 75006 Paris

Adaptation française de Catherine Métais-Bührendt
Texte original de Charles Hemming et David Carter
Révision de Marianne Le Chevalier
Secrétariat d'édition de Anne Terral

Première édition française 1997
par Librairie Gründ, Paris

ISBN : 2-7000-5650-7
Dépôt légal : mars 1997
Édition originale 1996 par Conran Octopus Limited
sous le titre original *The Complete Paint Book*

Photocomposition : Compo 2000 (Garamond)
Imprimé à Hong Kong

Sommaire

Introduction

CHAQUE ANNÉE, DES MILLIERS DE LITRES DE PEINTURE sont achetés par les décorateurs, professionnels et amateurs, car c'est l'un des moyens les plus rapides et les moins coûteux de transformer une maison. Peindre est un art qui s'apprend et qui peut procurer un plaisir durable. Pour obtenir un résultat simple et élégant, il suffit d'un minimum d'habileté et d'une bonne connaissance de quelques techniques de base. Avec un peu de persévérance, l'amateur peut espérer égaler un professionnel !

Cet ouvrage a pour but de familiariser le lecteur avec tous les aspects de la peinture. Tout d'abord, il passe en revue les espaces dont nous pouvons disposer et rappelle les principes fondamentaux du choix et de la combinaison des couleurs. Suit une série de photographies montrant différents volumes traités par des décorateurs en fonction de leur structure et de leur usage ; c'est là une précieuse source d'inspiration.

Ensuite, il détaille toutes les techniques de peinture et les effets qu'il est possible d'obtenir, depuis les simples couleurs unies jusqu'aux créations plus complexes des couleurs mélangées et du trompe-l'œil. Vous apprendrez à peindre les supports les plus divers : murs, plafonds, planchers, boiseries, meubles et accessoires en fer forgé. Un échantillon de réalisations nées de l'esprit inventif de David Carter illustre la plupart des techniques décrites.

Vous trouverez ensuite une liste complète des peintures disponibles dans le commerce et convenant à tous les types de matériaux. Ce guide s'achève sur une section pratique : quels sont les outils les mieux adaptés à chaque tâche, comment calculer la quantité de peinture nécessaire, comment préparer correctement les surfaces, comment mélanger et teinter vos propres couleurs... À vos pinceaux !

Infiniment variée dans ses couleurs et ses aspects, la peinture peut être utilisée pour protéger et décorer presque tous les matériaux, du bois au plâtre et à la pierre, du métal aux tissus.

QU'IL S'AGISSE DE DÉCORER UN ENVIRONNEMENT NOUVEAU OU FAMILIER, LE SUCCÈS DÉPEND TOUJOURS D'UNE IDÉE PRÉCISE DE L'ESPACE DONT VOUS DISPOSEZ ET DU CHOIX DE COULEURS APPROPRIÉES.

Espace et couleur

LA PEINTURE PERMET D'OBTENIR UNE IMMENSE VARIÉTÉ de couleurs, de textures et de motifs. Non seulement elle embellit et protège l'intérieur et l'extérieur des édifices dans lesquels nous vivons et travaillons, mais elle transforme notre façon de les voir, au point que leur structure elle-même peut en sembler modifiée. Elle peut faire paraître plus grands des espaces exigus, ou moins écrasants des volumes excessifs ; elle peut redonner vie à une surface fatiguée, ou au contraire donner un agréable aspect ancien à un objet qui était trop flambant neuf.

Compte tenu de l'infinie diversité des bâtiments qui nous abritent sans même parler des innombrables objets dont nous nous entourons, il peut sembler difficile de se décider pour tel ou tel type de décoration. En premier lieu, choisissez ce que vous voulez obtenir, puis examinez soigneusement l'espace ou l'objet à décorer. Quel sera son usage et à quel moment de la journée ? Quelles couleurs et quels types de peinture pourraient convenir ? Lorsque vous aurez pris ces décisions de fond, tout le reste se mettra en place.

Bien équilibrées, des surfaces aux couleurs soutenues peuvent servir de cadre à des objets de formes et de matières très diverses, sans que l'effet d'ensemble soit discordant.

L'ESPACE PEINT

Un jaune léger mais chaud pour les murs de cette pièce spacieuse et ensoleillée. Une couleur qui se marie bien avec le miel du parquet et les tons clairs ou soutenus du mobilier. Des rideaux blancs filtrent la lumière, évitant que les reflets verts du jardin ne rendent le jaune trop acide. (À DROITE)

Aucune pièce n'est laide en soi, a-t-on pu dire : il existe seulement des pièces de formes différentes. Toutes sont pourtant marquées par leur histoire, leur destination, l'usage qui en a été fait, ainsi que par leur plus ou moins grande luminosité. Avant de commencer à peindre une pièce - ou toute autre partie d'un édifice - il convient de respecter quelques principes de base assez simples.

ÉPOQUE ET MODE

L'architecture est souvent considérée comme l'art visuel majeur, car elle intègre ou domine tous les autres. Ce qui est certain, c'est que toutes les maisons renvoient à des modes, des époques successives.

Certains édifices sont plus faciles à décorer que d'autres. Une villa victorienne, avec ses grandes bow-windows et ses hauts plafonds, s'accommode aussi bien des combinaisons de couleurs de sa propre période que du style des années 1920 ou 1930, voire d'un décor résolument contemporain. En revanche, une fermette du pays de Galles aux longues poutres apparentes, aux grandes cheminées et aux murs irréguliers prendra un aspect anachronique si elle est peinte en faux marbre. Une maison Art déco aux huisseries métalliques et aux murs complètement lisses ne se prête absolu-ment pas à une décoration d'inspiration folklorique, mais un banal appartement moderne supportera une grande diversité d'effets, précisément parce qu'il est anonyme.

Il serait excessif d'affirmer que seul un certain type de décor peint convient dans

tel ou tel cas précis. Utilisée avec discrimination, une approche éclectique peut donner de bons résultats.

Nos intérieurs présentent souvent un mélange de styles, correspondant à des époques différentes ; c'est ce qui les distingue des musées ou des simples produits d'une mode. Cependant, l'ignorance de certaines règles peut produire des résultats déplorables. Par exemple, si, voulant redonner à une maison son aspect d'origine, vous utilisez des peintures et des techniques modernes, les couleurs trop violentes et les surfaces trop nettes écraseront les objets et déformeront la lumière. Grâce aux techniques décrites dans ce livre, il est toutefois possible d'« arranger » ces peintures pour obtenir des couleurs et des effets d'époque.

Rien ne vous empêche de reproduire l'atmosphère d'une hacienda mexicaine ou d'une villa romaine dans un édifice de n'importe quelle période - ou presque - à condition d'avoir de la suite dans les idées. Une cuisine pourra ressembler à une annexe pompéienne si vous utilisez un enduit irrégulier recouvert d'un badigeon d'ocre brune, avec une frise d'inspiration antique réalisée au pochoir ; le bas des murs sera peint en vert malachite et le sol sera marbré ou grené. Si les couleurs sont bien choisies, ce ne sera un échec que si l'exécution est fautive ou si vous avez manqué de cohérence, par exemple en traitant un espace voisin dans le style 1930.

Dire que les modes ne durent pas est un pléonasme, mais qui peut se permettre de repeindre son intérieur aussi souvent qu'il change de vêtements ? La meilleure attitude est de choisir des effets de couleurs qui vous plaisent et qui, exécutés avec conviction, refléteront votre personnalité et vos goûts. Ainsi, vous ne vous sentirez pas périodiquement tenté par un changement de décor, sauf après mûre réflexion.

FONCTION

C'est en grande partie de l'usage que l'on compte faire d'une pièce que dépendra le choix des couleurs et des matières. Sera-t-elle utilisée pendant la journée ou seulement le soir et la nuit ? Dans le cas d'une salle à manger, servira-t-elle surtout pour de grands dîners ou plutôt de pièce familiale, occupée du matin au soir ? Dans le premier cas, vous pouvez utiliser des tons assez sombres, que la pièce soit ou non ensoleillée ; dans le second, des couleurs plus claires, d'un type plus facile à entretenir et à retoucher, sont plus appropriées.

Une chambre à coucher – utilisée aux deux moments de la journée où nous sommes psychologiquement plus fragiles – doit être peinte dans des tons chauds et apaisants, mais qui ne deviennent pas ternes ou durs à la lumière du matin. Il faut notamment éviter le jaune moutarde, le beige clair et les verts tirant sur le gris.

Les cuisines supportent les décors les plus variés. Souvent chaudes et humides, elles demandent une peinture durable et facilement lavable, dont la couleur ne maquillera pas la saleté, mais sans être fragile au point que la moindre petite tache d'huile fasse l'effet d'un trou dans le mur.

Compte tenu des fréquents changements de température et de leur atmosphère humide, les salles de bains ont des exigences similaires. Tenez-en compte en choisissant votre peinture, mais n'hésitez pas à utiliser

Une grande diversité de couleurs, de motifs et de styles s'allient avec bonheur dans cette vaste pièce. La haute cheminée en pierre naturelle et les murs de différentes nuances terre contribuent à cette harmonie. (CI-DESSOUS)

des techniques sophistiquées telles que le glacis ou la peinture à l'éponge, le marbrage ou le veinage, le pochoir ou le trompe-l'œil.

La lumière

Après la fonction des pièces, la lumière est le principal facteur dont il faut tenir compte pour peindre un intérieur. La notion de couleurs « froides » et « chaudes » est bien connue. Les pièces sombres, mal exposées, ont souvent besoin d'être « réchauffées », tandis que les pièces bien ensoleillées supportent généralement des tons plus froids.

La lumière du soleil est blanche, mais celle du soir est plus ou moins jaunâtre, selon la quantité de poussières en suspension dans l'atmosphère. La plupart des éclairages artificiels – à l'exception des lampes halogènes ou de type « lumière du jour » – donnent une lumière jaune. Presque toujours, l'éclairage fluorescent nuit aux couleurs et à l'ambiance. En règle générale, du moins pour les murs, les couleurs pâles sont les mieux adaptées dans presque toutes les conditions d'éclairage. Lorsque la lumière du jour est filtrée par des persiennes ou d'épais rideaux, une couleur plus sombre pourra toutefois convenir.

Au moment de choisir des couleurs, vérifiez leur aspect à la lumière du jour et à la lumière artificielle. Peignez un carré d'au moins 60 cm de côté, soit directement sur le mur soit sur un carton, et observez-le dans toutes les conditions d'éclairage habituelles de la pièce. Les cartes de couleurs fournies par les fabricants donnent une idée de la couleur en soi, mais pas de l'aspect qu'elle prendra chez vous.

Une étroite cage d'escalier rendue chaleureuse et accueillante grâce au vigoureux rouge carmin des murs, qui projettent une lumière rosée sur le plafond. (À DROITE)

LA CONFIGURATION DES PIÈCES

Les murs d'un vert très pâle et le haut plafond blanc crème mettent en valeur ce séjour. Le motif doré sur fond bleu Nil des boiseries crée une transition entre les murs clairs et les sièges en osier et bois foncé.
(CI-DESSOUS)

PIÈCES HAUTES DE PLAFOND

Les pièces à plafond haut sont fréquentes dans les édifices anciens, maisons ou villas. À moins qu'elles n'aient subi d'importantes modifications, leurs proportions sont en général divisées avec élégance : une corniche entourant le plafond, une moulure 60 cm plus bas pour accrocher des tableaux, un appui à environ 90 cm du plancher et une plinthe assez large en bas des murs. Tous ces agencements avaient jadis une utilité pratique ; aujourd'hui, ils peuvent servir à rectifier les proportions d'une pièce. Pour accentuer encore la hauteur d'une pièce, peignez le mur de la même couleur au-dessus et au-dessous de la moulure supérieure ; pour la faire paraître moins haute, descendez la couleur du plafond jusqu'à cette moulure.

En l'absence de moulures, pour diminuer la hauteur apparente d'une pièce, peignez le plafond d'une couleur un peu plus foncée que celle des murs, ou bien utilisez une technique de dégradé (voir pages 84-85).

PIÈCES BASSES DE PLAFOND

À moins que nous ne souhaitiez renforcer l'effet d'espace clos, peignez le plafond et les murs d'une pièce basse avec des couleurs claires. Pour donner une impression de hauteur, peignez le plafond dans un ton plus clair que les murs, et la zone située au-dessus de la moulure de la même couleur que le reste des murs. Un effet de dégradé, dans ce cas en fonçant progressivement la couleur vers le bas, fera paraître la pièce beaucoup plus haute.

PIÈCES ÉTROITES

À moins que vous n'aimiez cet aspect étriqué, essayez de le corriger en utilisant pour les murs et le plafond des couleurs claires ou vives.

PIÈCES TRÈS LARGES

Peu de gens tenteront délibérément de réduire la largeur d'une pièce très spacieuse. Pourtant, si cela améliore ses proportions, on pourra y parvenir en peignant deux murs se faisant face de la même couleur que les deux autres murs, mais dans une nuance plus foncée. Peindre de couleurs sombres

des alcôves ou des renfoncements dans des murs se faisant face, ou traiter un ou plusieurs murs avec une couleur contrastée, contribuera au même effet. Des tons sombres ayant un certain « poids » – vert foncé ou ocre rouge – « rapprocheront » également les murs d'une pièce.

Pièces de Forme Irrégulière

Si vous avez une pièce plus large à une extrémité, dont un ou plusieurs murs sont penchés ou forment des angles inesthétiques, ou encore une combinaison de ces facteurs, il est conseillé de peindre le tout d'une couleur uniforme.

Les pièces en forme de L ont l'avantage de posséder une annexe cachée, que l'on ne découvre qu'en avançant ; la couleur et la matière peuvent être identiques pour les deux parties de la pièce, mais on peut utiliser des tons contrastés. En effet, la forme en L se prête particulièrement bien à des effets de trompe-l'œil (voir page 119), créant une ouverture sur un espace imaginaire : jardin, tonnelle ou alcôve.

Enfin, même si les pièces de formes irrégulières, comme les greniers, peuvent bénéficier de quantité d'effets différents, il est conseillé d'éviter les motifs trop compliqués tels que les marbrures.

Pièces Sombres

Lorsqu'une pièce est naturellement sombre – fenêtres très petites ou ombrage permanent –, il est vain de lutter contre cet aspect : la peinture ne produit pas de la lumière, elle ne fait que la réfléchir. Essayez d'utiliser une couleur chaude et lumineuse, jointe à un éclairage puissant, ou au contraire intime ; ou bien utilisez des tons plus légers alliés à un éclairage type « lumière du jour ». Les pièces les plus sombres sont en général les greniers et les entresols ; laissez-vous guider par l'usage prévu.

À l'origine oppressant, ce grenier bas de plafond est devenu clair et accueillant depuis que les murs ont été peints en blanc et les poutres, particulièrement massives, en bleu très doux.

(CI-DESSUS)

LA COULEUR

De chaudes nuances de terre cuite, des verts, des ocres, agrémentés de motifs en trompe-l'œil, donnent à cette entrée une atmosphère digne de la Pompéi antique.
(CI-DESSOUS, À DROITE)

Pendant des milliers d'années, les couleurs et les types de peintures n'ont guère changé. Cette situation n'a vraiment commencé à évoluer qu'il y a deux siècles. Néanmoins, les innombrables couleurs disponibles de nos jours proviennent de quelque seize pigments de base. Ces couleurs « naturelles » ont été redécouvertes périodiquement pour renouveler l'art de la décoration.

Tout au long de l'histoire, le choix des peintures a été dicté par trois facteurs : l'aspect, la stabilité et le prix. Les plus appréciées étaient celles qui avaient un bel éclat et duraient longtemps, et qui étaient bien sûr les plus rares, donc les plus coûteuses. Ceux qui en avaient les moyens les utilisaient pour affirmer leur prestige.

LES COULEURS POUR FRESQUE

Dès l'Antiquité, on savait que certains colorants ne pouvaient servir qu'à teinter des encres ou à teindre des tissus, mais pas à peindre des murs. C'était, par exemple, le cas de la pourpre, couleur associée aux Césars. Les pigments utilisables sur le plâtre et le bois sont donc ceux qui ont exercé la plus grande influence en décoration. Nombre de ces pigments étaient des couleurs pour fresques : des terres, mêlées à de la chaux, que l'on appliquait sur un enduit légèrement humide mais déjà sec au toucher, ou complètement sec. C'était une méthode dite a secco.

Le vibrant outremer de la Renaissance italienne s'allie aux couleurs de terre dans ces fresques inspirées des Grecs et des Romains. Ces anciens pigments sont à la base de toute la palette de nos couleurs modernes.
(À DROITE)

Les Couleurs de la Renaissance

Sous la Renaissance italienne, le nombre des pigments utilisés augmente rapidement. On ajoutait aussi aux couleurs des quantités variables de noir ou de blanc pour obtenir toute une gamme de teintes et de tons. Les couleurs les plus populaires étaient les terres – Sienne, ombres naturelles ou brûlées – car elles étaient bon marché et pouvaient souvent être extraites localement. Les pigments connus et utilisés durant la période de la Renaissance ont été utilisés en décoration jusqu'à la fin du XVIIIe siècle.

Bien que rarement utilisé au XVIIIe siècle pour décorer des murs, ce jaune d'or, dit « jaune Soane » (voir pages 30-31), met magnifiquement en valeur les blancs cassés et les gris des boiseries et des meubles de cette époque. (CI-DESSOUS)

Les Couleurs du XVIIIe siècle

Traditionnellement, les murs extérieurs des maisons du XVIIIe siècle, tant à la campagne qu'à la ville, étaient blanchis à la chaux, tandis que les intérieurs étaient peints à la détrempe, appelée aussi « couleur à la colle ». Il s'agissait d'un mélange de chaux et de colle d'os, habituellement teinté avec un pigment, souvent une terre, ocre jaune ou oxyde rouge. Parfois, on utilisait aussi du sang de bœuf, qui donnait un rose brunâtre. Peu coûteuse et facile à colorer, la détrempe était également d'une application aisée et rapide. En revanche, elle n'était ni lavable, ni durable. Il existe de nos jours une qualité de détrempe plus résistante (voir préparation page 201).

Les gens aisés utilisaient couramment la détrempe pour peindre leurs plafonds. Pour les murs et les boiseries, ils préféraient les peintures à base d'huile, obtenues en mélangeant le pigment à de la céruse (carbonate de plomb) et de l'huile de lin. Durant tout le XVIIIe siècle, les plafonds sont restés blanc cassé, mais les couleurs des murs ont beaucoup changé.

Au début de la période géorgienne (1714-1750 environ), les murs des maisons les plus opulentes étaient lambrissés du sol au plafond. Traditionnellement, ces murs – y compris les moulures – étaient peints à l'huile, soit dans un ton crème, soit dans un brun moyen appelé « wainscot ». Les portes, les plinthes et les volets (rarement les corniches) étaient parfois d'un brun plus soutenu, noyer ou chocolat ; dans certains cas, les corniches étaient peintes en noir. Parfois encore, les boiseries imitaient des essences plus précieuses comme le chêne, le cèdre ou le noyer.

Vers le milieu du siècle, les goûts changent. À partir de 1750 et jusqu'en 1800, les intérieurs deviennent de plus en plus clairs, en grande partie parce que les boiseries sont progressivement remplacées par du plâtre. Comme les chaises étaient traditionnellement rangées le long des murs, ces derniers étaient protégés par une moulure ou une baguette placée à environ 90 cm du sol. Enfin, les plinthes en bois sont restées courantes jusqu'à la fin du siècle.

Les plâtres étaient fréquemment peints en blanc, mais il s'agissait d'un blanc cassé ou crème et non du blanc pur utilisé de nos jours. La raison en est que l'huile de lin jaunissait rapidement. Des terres jaunes ou brunes permettaient d'obtenir un ton « pierre ». Parfois, on ajoutait au blanc un peu de bleu ou de noir pour diminuer l'effet de jaunissement.

Les peintures blanches et de ton pierre étaient relativement bon marché, mais de nouvelles couleurs plus coûteuses ne tardèrent pas à apparaître : paille, orange et citron, ainsi que des tons plus soutenus : vert olive, vert pois et bleu ciel. Les plus chères étaient les verts profonds, à base d'acétate de cuivre, et le smalt, un bleu de cobalt d'origine égyptienne, à base de verre pulvérisé ; elles n'étaient donc utilisées que par les gens aisés.

Entre 1801 et 1837 environ, les plinthes en bois commencent à disparaître, tandis que certains pigments intenses utilisés dans l'Antiquité réapparaissent. Le rouge et le brun-rouge étaient très appréciés pour les salles à manger, mais aussi – fait assez surprenant – pour les galeries de peinture, où le rouge faisait ressortir les cadres dorés des tableaux, tandis que les bibliothèques étaient souvent peintes en cramoisi ; les tons pierre étaient généralement réservés aux entrées et aux cages d'escaliers.

Le vert était, de loin, la couleur dominante de l'époque. Elle apparaissait non seulement dans les salles à manger, les salons, les vestibules et sur les bordures de fenêtres, mais aussi sur les volets et les portes d'entrée, le mobilier de jardin, les clôtures et les portails. Les intérieurs bourgeois étaient souvent peints dans des verts s'harmonisant avec le feuillage des

Un bleu clair rappelant celui de la faïence Wedgewood, allié à des boiseries blanc cassé, recrée le charme un peu froid de l'ère géorgienne. (CI-DESSUS)

Des murs d'un bel ocre pâle aux reflets dorés, un sol en damier et un mobilier réduit à l'essentiel restituent la sobre élégance du style Adams de la fin du XVIIIe et du début du XIXe siècles.

(CI-DESSUS)

arbres et des buissons, tandis que d'autres couleurs rappelaient plutôt celles des fleurs du jardin.

Au cours de cette période, le choix des couleurs commence à être influencé par les caractéristiques de l'espace : les pièces sombres étaient réchauffées par du rouge, du lilas, du chamois ou du rose saumon, tandis que les pièces donnant au sud étaient rafraîchies par différentes nuances de bleu et de vert.

Au XVIIIe siècle, les façades en brique étaient souvent recouvertes d'un mélange de sable, de ciment et de chaux. Ce crépi protégeait les bâtiments. Il pouvait aussi être peint, le plus souvent en imitant la pierre, plus coûteuse. Les coloris utilisés allaient du sable au gris-bleu. Généralement, les huisseries des fenêtres étaient peintes dans des tons coordonnés. Les portes étaient d'un marron-rouge très foncé semblable à de la Sienne brûlée mêlée de noir, ou encore brun olive, un vert olive mélangé de rouge et de noir. Vers la fin du siècle, les cadres et les barreaux des fenêtres ont commencé à être peints avec les mêmes tons sombres, ce qui donnait aux fenêtres l'apparence de rectangles vides perçant la façade.

Les ouvrages de ferronnerie comme les portails, les grilles et autres clôtures étaient fréquemment peints couleur plomb ou pierre, mais le ton le plus apprécié était un vert « invisible », tellement foncé qu'il paraissait noir sur un fond blanc. Les gens très riches, ou qui voulaient le paraître, ornaient parfois la ferronnerie d'un smalt étincelant – le verre pulvérisé donne au métal un aspect irisé –, quatre fois plus coûteux que la plupart des autres couleurs.

Une baignoire et une cheminée noires de style victorien, des murs rouge indien et des tapis beiges donnent à cette pièce fonctionnelle une atmosphère élégante et chaleureuse.
(CI-DESSUS)

Les Couleurs de l'Époque Victorienne

On a souvent tendance à associer l'époque victorienne à l'utilisation de couleurs foncées, mais c'est en partie erroné. La plupart des peintures victoriennes ressemblaient à celles de la fin du XVIIIe, ou aux tons soutenus et vibrants de la période Regency. En fait, la lourdeur de l'intérieur typique du XIXe siècle était due aux épais rideaux qui tamisaient la lumière, à l'utilisation de lampes à huile ou à gaz, et à un penchant pour les meubles sombres et massifs. Cet effet était accentué par les nouveaux colorants mauves et violets, très prisés à l'époque, utilisés pour teindre tissus et papiers peints. La principale caractéristique de l'ère victorienne réside en réalité dans la complexité croissante des combinaisons de couleurs et dans l'attention portée à l'équilibre entre les zones de lumière et d'ombre.

Au cours des années 1840, diverses nuances lilas et saumon deviennent à la mode. Leurs tons clairs, ainsi que ceux d'autres couleurs - cramoisi, Sienne brûlée, un type de rouge utilisé pour les galeries de peinture et des verts non acides - ornaient souvent les salles à manger, tandis que le vert sauge et le vert de Brunswick étaient réservés aux chambres et aux bibliothèques. Remarque intéressante : bien que des pigments bleus et jaunes bien moins coûteux aient été mis au point dès les années 1820 ou 1830, ces couleurs apparaissaient rarement dans les maisons.

Tournant le dos à la mode du XVIIIe siècle, les bourgeois de l'ère victorienne adoraient souligner les moulures du plafond en les peignant de couleurs vives, fréquemment contrastées. Souvent, la base du mur était décorée avec du papier gaufré, en général vert de Brunswick soutenu ou brun-

rouge, ou encore veiné pour imiter le bois, notamment l'acajou. Cette décoration était destinée à créer une transition entre le sol couvert de tapis sombres et les murs plus clairs. Les moulures de la partie supérieure du mur étaient alors d'une couleur plus claire que la base des murs, mais plus soutenue que celle des murs eux-mêmes.

Les plafonds victoriens étaient souvent peints avec une détrempe beige clair mais, à partir des années 1850, les plafonds richement colorés deviennent courants, même dans les habitations modestes. Voici une combinaison de couleurs typique pour un salon : porte en imitation acajou, base des murs vert Brunswick, veinée ou brun-rouge, murs lilas, plafond bleu-vert clair, crème ou rose saumon pâle. Les moulages du plafond et les rosaces entourant les appareils d'éclairage étaient parfois mis en valeur par des couleurs contrastées : ocre rouge, lilas, beige, bleu-vert et rose saumon.

Dans les années 1890, la généralisation de l'éclairage électrique met à la mode les boiseries peintes en blanc. La lumière électrique étant moins douce que celle des lampes à pétrole ou à gaz, elle révélait impitoyablement les endroits fânés ou décolorés, tout en modifiant l'aspect de nombreuses couleurs jusqu'alors mises en valeur par une lumière jaunâtre.

Le vert était alors la couleur la plus prisée pour les extérieurs. Les boiseries et les ferronneries étaient habituellement peintes en plusieurs nuances de vert Brunswick ou en vert bronze, qui donnaient au métal une apparence de bronze patiné. Le brun-rouge était parfois utilisé pour les huisseries et les portes, ainsi que le pourpre, combiné avec des serrures et des poignées noires.

Les lilas et les mauves étaient très populaires à l'époque victorienne. Après l'apparition de l'éclairage électrique, dans les années 1890, il devient courant de peindre portes et boiseries en blanc. (À GAUCHE)

Les Couleurs de l'Époque Edwardienne

Durant les premières années du XXe siècle, la technologie des couleurs connaît une révolution dépassant de loin tous les progrès réalisés au cours des deux siècles précédents. Comme c'est souvent le cas, la nouveauté ne s'impose pas aussitôt. Le style edwardien était moins « encombré » que celui de l'ère victorienne mais, contrairement au style Art déco qui allait suivre la Première Guerre mondiale, son élégance vieillotte s'inspirait encore du passé. Néanmoins, les boiseries blanches d'inspiration scandinave exercent une influence durable. Ces couleurs envahissent bientôt les maisons de banlieue de la petite et moyenne bourgeoisie, et restent universellement appréciées tout au long du XXe siècle. Le style Art déco ne devait que renforcer cette tendance.

Les verts, tellement appréciés pendant l'ère victorienne, continuent à dominer les intérieurs, souvent dans des tons pastel inspirés du style « Adams » des années 1890. Parallèlement, des bleus froids et vigoureux connaissent un regain de faveur. L'intérieur typique d'une opulente demeure edwardienne présentait un plafond blanc, des murs eau-de-Nil, primevère ou azur – avec des moulures et des cadres de portes blancs –, des portes blanches, rouge indien ou vénitien profond, ou encore peintes en faux chêne ou acajou. Les bleus vifs – ciel,

Les couleurs claires et les formes légères caractérisant le style scandinave de la fin du XVIIIe siècle ont souvent été imitées pendant la période edwardienne, en réaction à l'ambiance assez sombre de la fin de l'ère victorienne. (CI-DESSOUS)

Une pratique à l'honneur au début du XXe siècle : peindre le bois blanc pour imiter des essences plus précieuses. Mais les meubles prennent un aspect tout différent dans les intérieurs plus clairs de l'ère edwardienne. (CI-DESSUS)

Oxford et roi – et les verts lumineux étaient d'un usage assez fréquent.

Les nouvelles peintures permettent d'obtenir facilement une surface brillante ou d'aspect émaillé. Pour les couleurs claires, l'ère edwardienne préférait un fini satiné qui, en cette époque obsédée par l'hygiène, présentait l'avantage d'être facile à entretenir. Pour la même raison, les peintures et les papiers peints étaient parfois recouverts d'une couche de vernis. Depuis les années 1870, d'ailleurs, on trouvait dans le commerce des détrempes lavables. Moins coûteuses que les peintures à l'huile et plus durables que leurs ancêtres à base de colle, on leur attribuait en plus des propriétés désinfectantes.

Bien que couramment utilisés en peinture jusqu'aux années 1950, les pigments à base de plomb sont progressivement remplacés par des couleurs moins toxiques. Les nouveaux colorants et pigments chimiques permettaient d'obtenir des couleurs plus intenses et surtout plus uniformes. Aux XVIIIe et XIXe siècles, il était rare que les versions d'une même couleur proposées par différents fabricants soient identiques. Au début du XXe siècle, pourtant, la fabrication des peintures devient plus fiable. Après une première tentative de standardisation en 1906, on voit apparaître des cartes de couleurs montrant les résultats obtenus en ajoutant des proportions variables de blanc aux couleurs de base. Ces innovations contribuent à l'établissement, vers 1930, d'une gamme de couleurs devenues normalisées.

Pendant l'entre-deux-guerres, le style Art déco domine l'architecture des édifices publics tels que les cinémas et les restaurants, mais son influence sur le décor domestique reste limitée aux couches supérieures de la société. Pour les modestes maisons de banlieue des années vingt et trente, on continue à utiliser la gamme des beiges et des bruns, avec des boiseries marron foncé et des plafonds blancs.

La décoration d'extérieur de l'ère edwardienne ressemble à celle de l'ère victorienne : les verts brillants – Brunswick ou bronze foncé – étaient appréciés pour les portes ; le noir, le vert Brunswick foncé ou le bronze foncé pour les clôtures et autres ouvrages de ferronnerie. La principale nouveauté était que les huisseries des fenêtres étaient de nouveau peintes en blanc, tandis que les murs restaient beiges, fauve ou couleur pierre.

Les Couleurs Art Déco

Considéré à la pointe de l'avant-garde, ce style de décoration était surtout l'apanage des classes aisées, mais son influence a été immense. Tournant le dos à l'élégance surannée de l'ère edwardienne, l'Art déco célèbre les couleurs vives, les lignes nettes et réduit les éléments décoratifs.

Les peintures des murs étaient brillantes ou satinées ; les couleurs, très variées, allaient du jaune d'or au rouge vif, du bleu paon au bleu ciel et au noir. Souvent, les murs étaient ornés de motifs au pochoir. Une chambre Art déco typique avait, par exemple, un plafond blanc ou jaune et des murs gris fer ornés de motifs verts et jaunes, avec des portes rouges et des huisseries jaunes.

Pour les chambres à coucher, les couleurs étaient en général plus atténuées, dans des tons lilas, turquoise, bleu glacier ou vert. Le blanc était également à l'honneur. Certains intérieurs étaient peints d'une douzaine de nuances différentes de blanc, du crème aux blancs crus, rosés ou teintés de vert, s'harmonisant avec des meubles, des ornements et des tissus également blancs.

Le décor au trait était une autre caractéristique importante du style Art déco : motifs géométriques remplaçant les moulures, aux couleurs contrastant avec celles des grandes surfaces, ou parfois d'une nuance plus claire ou plus foncée que la couleur dominante. Le même effet était utilisé pour le décor au pochoir des meubles. Les motifs au pochoir prenaient aussi la forme de frises ou servaient à souligner les encoignures des portes ou des murs. Leur ligne délibérément moderniste était souple et fluide, avec de brusques accents angulaires rappelant les affiches d'Ernest Dryden et d'Erté, ou la sculpture de Hagenauer et de Marcel Bourraine.

Le faux marbre constituait un élément important de l'intérieur Art déco, en particulier dans les bâtiments commerciaux tels que les cinémas ou les hôtels, où la pierre naturelle aurait coûté trop cher. La même technique était utilisée pour des pièces exiguës telles que les salles de bains ; le noir de Belgique et le vert de Thessalie étaient particulièrement appréciés.

L'architecture était remarquable pour sa clarté. Les murs extérieurs, aux surfaces très lisses, étaient habituellement d'un blanc pur et brillant, parfois ornés de motifs géométriques aux tons vigoureusement contrastés, tandis que les huisseries métalliques des fenêtres étaient peintes en blanc, vert vif, bleu – glacier, foncé ou Nil –, noir ou rouge vif.

La sobre élégance des intérieurs Art déco : des motifs géométriques simples, des murs aux couleurs soutenues et un minimum de détails décoratifs. (CI-DESSOUS)

LES COMBINAISONS DE COULEURS

Les murs gris argent donnent une sensation d'espace. Cette couleur assez froide met bien en valeur les tons chauds des meubles, où dominent le rouge grenat et l'indigo. (CI-DESSOUS)

De même qu'aucune pièce n'est laide en soi, aucune couleur n'est laide en soi. Pourtant, certaines couleurs s'accordent mal. Avant de commencer à décorer une pièce ou tout autre espace ou objet, il est donc utile de savoir comment les couleurs se comportent lorsqu'elles sont juxtaposées. Cela vous permettra d'éviter certaines erreurs fréquentes dans la décoration faisant appel à plusieurs couleurs, tout en jouissant de leur diversité.

LES COULEURS NEUTRES ET NATURELLES

Une couleur « neutre » est un ton ou une nuance qui s'accorde facilement avec n'importe quelle autre couleur. Précisons toutefois que dans le sens usuel du terme, les couleurs neutres correspondent aux teintes « naturelles » des terres non brûlées, du bois ou de la pierre beige, grise ou bleutée.

Le gris est sans doute la couleur jugée la plus neutre : elle se situe en effet entre le blanc et le noir, qui ne sont pas des couleurs à proprement parler. Pourtant, les gris comportent des traces d'autres couleurs : ils peuvent être « chauds » ou « froids », selon la quantité de jaune ou de bleu qu'ils contiennent. Les gris sont tellement variés et subtils qu'ils peuvent constituer à eux seuls toute une harmonie de couleurs.

La plupart des couleurs peuvent jouer un rôle neutre, ou passif, quand elles servent de fond à d'autres couleurs. Par exemple, si une pièce entière est peinte en rouge écarlate - une couleur qui ne peut être considérée comme neutre -, tout objet d'une couleur différente attirera l'attention.

Dans cet intérieur rustique, les couleurs naturelles du sol en pierre et des meubles s'harmonisent avec les murs d'un ocre clair. Les meubles ont été soigneusement choisis en fonction du cadre. (CI-DESSUS)

Ce séduisant ensemble monochrome allie plusieurs nuances de beige neutre, allant de la pierre naturelle à la toile écrue. (À GAUCHE)

LES ROUGES ET LES ROSES

Après le jaune (voir pages 30-31), le rouge est la couleur la plus puissante : elle reste dominante même lorsque le pigment est très dilué. Le rouge est généralement considéré comme une couleur « chaude ». Évoquant le sang et le feu, il est souvent qualifié de majestueux et d'agressif : au Moyen-Âge, seuls les hauts dignitaires étaient autorisés à porter des vêtements rouges.

Le rouge est une couleur qui a beaucoup de « poids » et de luminosité. Dans une salle de jeux pour enfants, des murs ou des meubles rouge vif créent une ambiance gaie et stimulante ; des rouges plus profonds, par exemple le rouge de cadmium ou le pourpre, produiront un effet somptueux dans une salle à manger. Le rouge mat, évoquant le fastueux velours, convient à des espaces impersonnels tels que les bureaux ou les restaurants. Le rouge brillant – c'est l'une des rares couleurs utilisables en brillant sur des murs – peut donner un résultat remarquable dans un salon.

Ici, un rose clair mais chaud se marie parfaitement avec un bleu clair d'une intensité égale. Dans un espace mal éclairé, le rose risque de paraître triste et froid : il convient donc de le soutenir par une couleur contrastée.
(EN HAUT, À DROITE)

Ce rouge feu appliqué au chiffon sur un jaune soutenu gagne en intensité lorsque la lumière n'est pas trop forte. Les boiseries sombres paraîtraient trop austères sur un fond d'une couleur plus pâle.
(EN BAS, À DROITE)

À l'extérieur des bâtiments, le rouge peut être très « chic », ou au contraire d'une consternante banalité. Rien n'est plus désastreux que de peindre en rouge géranium les portes d'un immeuble banal et mal dessiné ; cela ne fera que donner au reste un aspect encore plus miteux et impersonnel. Par contre, la porte d'entrée d'un hôtel d'époque edwardienne peinte en rouge bordeaux brillant, ou des huisseries rouge vénitien soulignées de blanc cassé dans une villa 1930 peuvent produire un effet superbe.

Le rose, par contre, a une réputation de douceur. Allant des tons vifs et profonds à un blanc à peine teinté, il peut être chaud ou froid. Une pièce peinte entièrement en rose risque de ressembler à un jardin par trop exubérant, ou à une énorme glace à la fraise. Utilisé à bon escient, le rose peut toutefois constituer une couleur intéres-

sante pour la décoration. Par exemple, les roses contenant une certaine quantité de jaune, de gris ou de bleu se prêtent à de nombreux usages et peuvent servir à harmoniser des rouges, des jaunes, des bleus et des bruns. Ils paraîtront chauds dans une pièce dont la couleur ou l'éclairage ont une dominante jaune, ou froids dans une ambiance bleue ou peu éclairée.

Traditionnellement, le rose était utilisé pour teinter les badigeons servant à décorer tant l'extérieur que l'intérieur des fermettes ou des modestes maisons de ville. Parfois, il remplaçait le blanc pour l'extérieur des maisons Art déco.

Le mobilier vermillon bleuit le rouge framboise des murs. Un rose plus violacé brunirait par contraste le vermillon.

L'ORANGE ET LE JAUNE

L'orange est le point de rencontre des deux couleurs les plus lumineuses du spectre, le rouge et le jaune, mais il est bien moins violent que celles-ci, ne possédant ni la profondeur du rouge ni la vivacité du jaune. Il peut donc fournir un lien intéressant entre d'autres couleurs. Le faux bois et le faux marbre sont souvent à base d'orange, de même que les teintures pour bois. Le mélange des deux principales terres, l'ocre jaune et la Sienne brûlée, donne un orange presque toujours chaud et pur, mais rarement lourd ou terne.

Le jaune est la couleur la plus lumineuse du spectre. Toujours intense, il peut être chaud ou froid. Les jaunes chauds, tendant vers le rouge, réchauffent et adoucissent la lumière qu'ils renvoient. Leur inconvénient est qu'ils ne se marient bien qu'avec un nombre limité d'autres couleurs ; beaucoup de tons pastel ou de couleurs secondaires (résultant du mélange de deux couleurs primaires) paraîtront ternes en comparaison. Seules deux primaires, le rouge et le bleu, et la puissante couleur secondaire qu'est le violet peuvent supporter une dominante jaune. Par contre, le jaune pâle peut se révéler très utile pour éviter que des détails aux couleurs plus puissantes ne deviennent trop dominants.

Le jaune est idéal pour une salle de jeux ou une salle de bains, ou encore pour réchauffer l'atmosphère d'une chambre mal éclairée. Le jaune Soane, proche du jaune Turner, est une nuance rarement utilisée : il donnait souvent un caractère classique et

Le jaune intense de cette entrée est équilibré par les couleurs primaires des portes. (À GAUCHE)

Sur ce mur rugueux, un ocre jaune dans la partie supérieure et une terre verte plus foncée en bas mettent parfaitement en valeur les boiseries rustiques. (EN BAS, À DROITE)

solennel à certaines maisons de campagne ou de ville de la fin du XVIIIe et du début du XIXe siècles.

Le jaune a cependant le défaut de refléter la couleur dominante de la lumière. Le jaune chaud d'une pièce donnant sur un grand arbre ou sur une pelouse risque de devenir acide s'il est soumis à cet éclairage verdâtre. Pour limiter cet inconvénient, on peut filtrer la lumière par des rideaux blancs ou beiges ; une autre solution consiste à recouvrir le jaune d'une très mince couche de vernis mat additionné de blanc.

Un jaune citron peut éclaircir le renfoncement le plus sombre. Passée de façon irrégulière, la couleur se fond avec le blanc du plafond. (CI-DESSUS, À DROITE)

Un orange profond et vibrant crée une ambiance très chaleureuse. (CI-DESSUS)

Les Verts

Le vert est resté longtemps l'une des couleurs les plus appréciées pour décorer l'intérieur et l'extérieur des maisons. Les verts sombres peuvent être chauds ou froids, mais tous ont un aspect plutôt solennel, qui sera atténué par des boiseries peintes dans des tons clairs ou soutenus. Contrairement au jaune, le vert foncé a tendance à absorber la lumière colorée ; son apparence n'est donc guère modifiée par les conditions d'éclairage. La plupart des objets se détachent bien sur un fond vert sombre. Un fini mat, du plus bel effet dans des salons ainsi que dans les entrées et les chambres, est par contre trop austère pour une salle de bains. Un vert sombre brillant - de même qu'un rouge brillant - peut donner un aspect somptueux à une salle à manger. Le vert donne toujours de bons résultats sur les boiseries et ferroneries extérieures car il s'allie bien à la végétation.

Un vert puissant structure cette pièce blanche, à l'origine trop froide et impersonnelle. Il contribue aussi à intégrer le mobilier, qui se détacherait trop crûment sur un fond blanc uni.
(CI-DESSUS)

Les verts clairs ont des propriétés très différentes. Comme ils réfléchissent beaucoup plus de lumière que les verts foncés,

ils risquent de donner une présence excessive à d'autres couleurs. Les tons purs procurent une impression d'espace et de sérénité, tandis que les tons mélangés peuvent être oppressants.

La plupart des verts clairs exigent un fini satiné ou mat ; brillants, ils sont souvent froids et « officiels ». Évitez d'utiliser des verts clairs tirant sur le jaune dans des endroits mal éclairés où ils risquent de prendre l'aspect d'une plante maladive ; généreusement éclairés et juxtaposés à du blanc, ils peuvent toutefois donner d'excellents résultats. Les verts clairs conviennent parfaitement aux techniques du décor au trait, du moucheté et du pochoir.

Ce vert atténué procure une agréable sensation de fraîcheur, sans pour autant être froid, et prend des nuances différentes selon qu'il est à la lumière ou à l'ombre.

(CI-DESSUS)

Les couleurs naturelles du bois, du cuir et de la toile sont superbement rehaussées par ce fond vert végétal. Des murs d'une couleur plus pâle et plus froide les feraient paraître ternes, tandis qu'un ton plus sombre absorberait trop de lumière.

(À GAUCHE)

Les bleus de cobalt, lumineux et chauds, se marient parfaitement aux bruns du fauteuil. (À DROITE)

Le bleu turquoise, fréquemment froid et électrisant sur de grandes surfaces, relève avec légèreté des détails tels que les panneaux des portes et les montants en bois. (CI-DESSOUS)

Les Bleus

Longtemps, le bleu a été un pigment particulièrement coûteux et apprécié. Dans le spectre solaire, le bleu est l'une des plus courtes longueurs d'ondes visibles, ce qui signifie qu'il semble s'éloigner de l'observateur. Pour cette raison, et parce que c'est la couleur du ciel sans nuages, il est souvent associé à des notions d'infini et de spiritualité. Le bleu foncé, couleur du ciel nocturne, symbolise l'autorité ; pour les bouddhistes, c'est une couleur sacrée.

Les bleus clairs peuvent être aériens, froids ou chauds. Ceux qui, contenant du jaune, se rapprochent du vert sont très lumineux. Ils doivent être utilisés avec prudence dans les intérieurs car ils risquent de donner aux terres un aspect boueux et de faire paraître les rouges trop durs. Les bleus

Cet intense bleu outremer, souligné par de la Sienne brûlée, une puissante terre à dominante rouge, donne beaucoup de chic à cette petite salle d'eau. (PAGE SUIVANTE, À GAUCHE)

Une harmonie de bleus tirant sur le violet pour ce palier. Les boiseries d'un outremer soutenu structurent l'espace, tandis que les murs d'un bleu clair plus froid encadrent la niche rose de la fenêtre. (PAGE SUIVANTE, À DROITE)

clairs contenant du rouge, proches du violet, sont en général des couleurs froides qui s'allient bien aux autres couleurs.

À l'extérieur, les bleus clairs d'un ton trop « mou » sont souvent d'un effet douteux ; il est généralement préférable de s'en tenir aux tons plus soutenus. Les bleus foncés, surtout ceux qui se rapprochent du violet, ont des propriétés bien différentes. Il existe une grande différence entre un bleu foncé et un bleu vif. Le bleu Oxford, par exemple, est à la fois foncé et lumineux, tandis que le bleu nuit est sombre et profond. Le bleu Oxford est splendide sur des fonds blanc cassé, brun-rouge et, dans certains cas, rouge orangé. Les bleus nuit, couleur puissante, s'accommodent d'un fini mat, satiné ou brillant ; ils sont d'un effet très élégant dans les salons.

Peu de couleurs se marient aussi bien aux ors et en soutiennent mieux l'éclat que le somptueux violet. Les violets à la mode pendant les années 1960 ont un aspect beaucoup plus léger. (CI-DESSOUS)

LE VIOLET ET LE POURPRE

Le violet et le pourpre étaient très aimés des Anciens. Les empereurs de Rome étaient vêtus de pourpre. La précieuse pourpre, extraite d'un mollusque marin, le murex, était exportée dans tout le bassin Méditerranéen. La couleur utilisée pour les murs, moins coûteuse, était obtenue en mélangeant du rouge et du bleu. Dans les pays d'Europe du Nord, à la lumière plus froide, les diverses nuances de violet n'ont été couramment utilisées en décoration qu'à partir du milieu du XIXe siècle. De même que le bleu foncé, le violet se marie bien aux blancs cassés, aux rouges profonds et même aux bleus-verts. Récemment, cette couleur a été associée à la contre-culture psychédélique des années soixante.

Après la découverte d'un pigment stable permettant d'obtenir ces tons, le lilas et le mauve sont devenus très populaires vers le milieu du XIXe siècle. Bien que plus appropriées aux intérieurs qu'aux extérieurs, leurs nuances les plus claires peuvent être utilisées presque partout. Il faut cependant éviter certaines combinaisons : le lilas comme le mauve prennent un aspect trop mou à côté du jaune moutarde, qui paraîtra « sale » en comparaison. Ces deux couleurs s'allient toutefois très bien aux gris argent, aux bleus-gris, aux verts pâles, à la Sienne brûlée et aux jaunes foncés.

Des nuances mélangées de lilas donnent aux murs de cette salle à manger profondeur et diversité, tout en mettant parfaitement en valeur les meubles et accessoires aux couleurs vives.

(À GAUCHE)

Se mariant parfaitement aux boiseries d'un beau jaune sable, ces deux mauves très proches ont été appliqués en croisant les coups de pinceau pour animer les surfaces.

(CI-DESSOUS)

LES BRUNS ET LES NOIRS

Le brun englobe toutes les terres à dominante jaune ou rouge, y compris les diverses nuances de Sienne et d'ombre, et s'étend jusqu'au vert olive et au marron-rouge violacé. Se prêtant à tous les usages, les bruns et les marrons vont presque toujours bien ensemble.

Toutefois, le jaune moutarde, qui se situe entre le jaune et le brun, s'allie mal aux mauves et aux bleus clairs ; par ailleurs, les bruns foncés s'affaiblissent à côté d'un vert clair (cette combinaison désastreuse était commune sur les murs et le linoléum des anciens édifices publics) mais, dans l'ensemble, ces couleurs n'ont rien de fade.

Le noir n'est pas une couleur à proprement parler, car il absorbe toute la lumière, mais les pigments noirs sont en fait très divers. Le noir de fumée est très proche du noir pur. Le noir d'ivoire (obtenu à partir d'os calcinés) a des reflets brunâtres, tandis que le noir de Mars est plutôt bleuté.

En extérieur, le noir brillant était traditionnellement utilisé pour les portes et les revêtements en bois. Dans les intérieurs, le noir est rarement utilisé sur une grande surface, à moins de rechercher un contraste extrême, par exemple une pièce traitée en noir mat avec des meubles, tissus et tapis blancs, ou une salle de bains d'un noir brillant avec des accessoires blancs. Des meubles et boiseries peints en noir constituent un pari audacieux qui peut donner des résultats superbes.

Ces élégants murs sépia, d'un brun presque noir, ne sont ni durs ni écrasants. Dans un tel décor, les autres couleurs, y compris le noir franc des cadres, prennent un air de fraîcheur. (CI-DESSOUS)

Pour ne pas devenir ternes ou oppressants, des murs bruns et des boiseries noires exigent des sols ou des meubles de couleurs claires ou vives.
(CI-DESSUS)

Les terres s'allient parfaitement aux verts. Ici, des bruns-rouges produisent un effet patiné.
(CI-DESSUS, À DROITE)

Un brun tirant sur le rouge-violet passé irrégulièrement sur un fond gris-beige. Les tons « rouillés » peuvent créer une ambiance presque solennelle, comme ici, ou au contraire très décontractée.
(CI-CONTRE, À DROITE)

La Juxtaposition des Couleurs

Pour juger si une combinaison de couleurs est réussie, nous nous fions généralement à notre instinct. Ces impressions sont fondées non seulement sur nos goûts personnels, mais aussi sur certaines propriétés intrinsèques des pigments et de la lumière : notre perception d'une couleur est toujours modifiée par la proximité d'une autre. Par exemple, un bleu pâle semblera très léger, éthéré, avec peut-être une légère tonalité verte, à côté d'un marron foncé ; il prendra en revanche un aspect lourd, voire grisâtre, près d'un blanc teinté de rose. Il existe une telle diversité de couleurs qu'il est impossible d'établir avec certitude quelles sont celles qui vont ensemble ou non, mais la tâche sera facilitée si nous comprenons pourquoi certaines combinaisons de couleurs sont malheureuses, et comment les éviter.

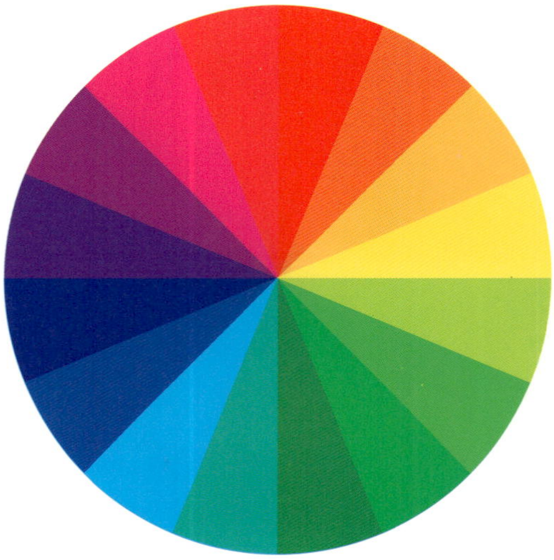

Le cercle des couleurs montrant les couleurs primaires - rouge, bleu, jaune - et les couleurs secondaires qui les séparent : l'orange, entre le rouge et le jaune ; le vert, entre le jaune et le bleu ; le violet, entre le bleu et le rouge. Les couleurs complémentaires d'intensité égale se font face, par exemple le bleu turquoise et le rouge-orangé.

Nous savons qu'il existe trois couleurs primaires : le rouge, le bleu et le jaune. En mélangeant deux primaires, nous obtenons des couleurs dites « secondaires » : le bleu et le rouge donnent du violet ; le rouge et le jaune, de l'orange ; le jaune et le bleu, du vert. En mélangeant les couleurs secondaires, nous obtenons des couleurs « tertiaires » ; par exemple, le violet et le vert donnent du vert olive.

En ajoutant du blanc à une couleur primaire, secondaire ou tertiaire, on obtient une teinte ; en y ajoutant du noir, on obtient une ombre : du noir et du blanc produiront une nuance, ou valeur. On dit de deux couleurs différentes qui ont le même degré de saturation et de luminosité qu'elles ont la même valeur. Le vert émeraude et le vermillon, couleurs pures ne contenant pas de blanc, ont par exemple la même valeur.

Le rose et le bleu ciel, qui contiennent du blanc, ont également la même valeur. La plupart des problèmes rencontrés dans la décoration résultent généralement d'un mauvais maniement des valeurs.

Les Couleurs Discordantes

Des couleurs sont qualifiées de « discordantes » lorsque leurs valeurs sont incompatibles. Si vous ajoutez une grande quantité de blanc à une couleur foncée – violet aubergine par exemple –, vous obtenez un gris-rose clair. Si, parallèlement, vous ajoutez du noir à une couleur claire telle que le vert pomme, la relation entre ces deux couleurs créées devient discordante. Utilisées côte à côte en quantités similaires, elles s'étoufferont mutuellement ; c'est l'équivalent visuel d'un mélange de confiture de fraise et de moutarde.

Une heureuse juxtaposition de couleurs primaires et secondaires. Toutes ces couleurs, d'une égale intensité visuelle, contribuent à donner un aspect lumineux et vibrant à ce séjour. (CI-DESSUS)

Gris-bleu et jaune citron, deux couleurs qu'il est difficile d'allier. Ici, elles se marient bien car le jaune est suffisamment pur pour s'imposer. Si le jaune tirait sur le brun, les deux couleurs deviendraient discordantes. (CI-CONTRE)

Le vert pomme et le rouge carmin sont presque des complémentaires (couleurs opposées de même intensité). Une note d'un bleu profond les empêche de s'affronter, malgré leur puissance. (AU CENTRE)

Des couleurs complémentaires parfaitement équilibrées, d'une valeur égale, ont été utilisées sur les murs, les portes et les moulures pour briser l'architecture monotone de cette entrée. (PAGE SUIVANTE, À DROITE)

L'Action Réciproque des Couleurs

Le mélange du bleu et du rouge produit du violet. Si un bleu outremer est placé à côté d'un violet-rouge (nettement plus proche du rouge que du bleu), les deux couleurs sembleront se modifier : le bleu foncé prendra un aspect jaunâtre et le violet semblera tirer sur le rose. Il est préférable de trouver un « lien » pour unir ces deux couleurs.

Les Couleurs Complémentaires

On appelle couleurs complémentaires les deux couleurs, d'une intensité égale, situées à l'opposé du spectre. Voici quelques exemples de complémentaires : jaune et bleu-violet, rouge magenta et vert, bleu cyan et rouge orangé. On les appelle complémentaires car leur synthèse additive

produit théoriquement du blanc ; en pratique, leur mélange donne un ton grisâtre ou bien boueux.

La juxtaposition de couleurs complémentaires peut donner des résultats extrêmement intéressants : les deux couleurs semblent se chevaucher légèrement, formant à leur point de jonction une ligne grise et vibrante. En conséquence, une couleur peut être atténuée en y ajoutant une petite quantité de sa complémentaire. Par exemple, un peu de vert ajouté à un rouge trop violent l'adoucira, tandis qu'un soupçon d'orange réchauffera un bleu qui paraissait trop dur.

En dernière analyse, rien ne vous empêche d'utiliser n'importe quelle combinaison de couleurs, à condition qu'elle vous plaise. Ces remarques ne sont que des indications destinées à expliquer pour quelles raisons certaines combinaisons de couleurs ne sont pas très heureuses.

QUE VOUS AYEZ L'INTENTION DE DÉCORER UNE MINUSCULE ENTRÉE OU UNE CHAMBRE DE MAÎTRE, IL N'EST JAMAIS FACILE DE SE DÉCIDER POUR TEL OU TEL TYPE DE DÉCORATION. VOUS TROUVEREZ ICI, POUR CHAQUE TYPE DE PIÈCE, DES PROJETS RÉUSSIS DONT VOUS POURREZ VOUS INSPIRER.

Inspiration

LA PLUPART DES PROJETS DE DÉCORATION sont le fruit d'un moment d'inspiration. Or, le plus difficile est de savoir précisément ce que l'on veut obtenir. L'infinie diversité des couleurs, des textures et des techniques offre d'immenses possibilités, mais cette diversité peut aussi être déroutante. Pour mieux orienter votre créativité, commencez par réfléchir à l'usage de la pièce à décorer. Vous pourrez ainsi mieux cerner les possibilités d'expérimentation et les limites qu'elle offre. Par exemple, une salle de jeux et une chambre d'invités n'ont pas du tout les mêmes exigences. Décidez ensuite si vous voulez ou non garder les meubles existants. Quel genre de décor s'harmonisera bien avec leurs couleurs et leurs matières ? Il est en général sage d'éviter les solutions trop compliquées. En tout état de cause, vous pourrez facilement embellir par la suite une surface unie, mais plus difficilement un décor chargé.

Avec un peu d'imagination, la peinture peut transformer n'importe quel espace. Une entrée banale et mal éclairée prend vie grâce à un exubérant motif abstrait peint en bleu-violet sur fond ocre.

LES ENTRÉES ET CAGES D'ESCALIER

L'alliance harmonieuse de feuillages naturels et peints, sur un fond blanc cassé décoré de délicates arabesques, donne vie à cette vaste entrée. (CI-DESSOUS)

En entrant dans une maison, la première impression du visiteur – et souvent la plus forte – est déterminée par l'entrée et l'escalier. Bien que l'on s'y attarde rarement, ces lieux méritent qu'on leur consacre du travail et du temps. Généralement bien éclairés et dégagés de meubles et autres objets, ils permettent de donner libre cours à l'imagination, en utilisant à plaisir formes, matières et couleurs.

Des pans de murs dans des tons pastel bien coordonnés s'accordent parfaitement avec le bois clair de l'escalier et du palier. Dans l'ombre, le lilas paraît presque bleu, attirant le regard vers le haut.

(CI-DESSUS)

Cette élégante cage d'escalier bien éclairée devient moins austère grâce au traitement des murs (voir pages 78 à 83). Les gris-beige veloutés, sobres mais chaleureux, mettent en valeur la table en marbre et les marches de bois teinté.

(À GAUCHE)

LES SÉJOURS

Un lavis ocre jaune passé régulièrement donne au splendide mobilier de cette grande pièce la douce patine d'une toile de maître. Le plafond clair est souligné par une frise. (CI-DESSOUS)

Le séjour, ou « living room », est l'endroit où la plupart des gens passent l'essentiel de leur temps. Leur décoration fait donc l'objet d'une attention particulière ; les séjours sont habituellement les pièces les plus spacieuses, les mieux éclairées et les plus luxueusement meublées de la maison ou de l'appartement. Une combinaison de couleurs réussie permettra de créer un environnement harmonieux.

Un glacis ivoire brossé au spalter sur les murs donne à ce séjour une ambiance chaude et paisible, relevée par le doux contraste de la frise en grisaille, du lambrequin, de la cheminée en marbre et des moulures blanc cassé. (À DROITE)

Dans ce séjour, les tableaux aux formes dynamiques font partie intégrante du cadre : murs grossièrement brossés en bandes verticales (voir pages 92-93), motifs circulaires vivement colorés, plafond texturé.
(PAGE DE GAUCHE)

Une élégante combinaison de lilas et de vert jade, s'harmonisant avec les tons chauds du bois et du miroir.
(À GAUCHE)

Le volume de ce très haut séjour est accentué par deux vigoureuses couleurs de fresques : un outremer soutenu et une terre à dominante rouge, en partie « essuyée ».
(CI-DESSOUS)

LES BUREAUX ET CABINETS DE TRAVAIL

Les lavis semi-mats, un gris-bleu et deux tons d'ocre éteint, sont rehaussés par des motifs au pochoir dont le fini brillant accroche la lumière. Les murs, traités en losanges ponctués d'étoiles d'or terni, font écho au style du mobilier.
(CI-DESSOUS)

Les bureaux sont des pièces visuellement « encombrées » : livres, tables, chaises, ordinateurs, lampes réglables... Leurs couleurs doivent faciliter la concentration : elles seront soit vibrantes et stimulantes sans être trop envahissantes, ou bien calmes et favorisant un éclairage de qualité. Si vous organisez des réunions d'affaires chez vous, il convient de créer une ambiance appropriée. Mais il ne faut pas oublier que ces espaces doivent avant tout être pratiques, avec des peintures durables et des couleurs neutres sur lesquelles les objets se détachent nettement.

Ici, une peinture blanc cassé semi-mate répond au sol en damier et aux couleurs naturelles du mobilier. La lampe en laiton est le seul accent brillant.
(PAGE DE GAUCHE, EN HAUT)

Les motifs géométriques de ce décor mural donnent du mouvement, par leurs couleurs vives, à ce petit coin-bureau.
(PAGE DE GAUCHE, EN BAS)

Une utilisation particulièrement élégante d'un gris froid. Dans ce vaste bureau, cette couleur très polyvalente n'écrase pas le mobilier fonctionnel et un peu lourd. Une gracieuse frise d'inspiration grecque, elle-même soulignée par une bordure brun-rouge (voir pages 96-97), vient alléger l'ensemble.
(CI-CONTRE)

LES CUISINES

Une lumineuse peinture bleu cobalt semi-mate sur des murs lambrissés et un plafond blanc mettent en valeur la robuste structure de cette cuisine de style campagnard. Le bleu Wegdewood plus sombre choisi pour le plancher établit le contraste idéal. (CI-DESSOUS)

Bien qu'étant avant tout des espaces utilitaires, les cuisines offrent d'immenses possibilités de décoration. Elles peuvent être peintes de mille façons et se prêtent parfaitement à la décoration au pochoir ou au trait ; les meubles peints y sont à leur place. Les sols, rarement couverts de tapis ou de moquette, peuvent être peints, vernis ou ornés de carreaux joyeusement colorés. Pourtant, les cuisines étant sujettes à la condensation et à d'importants écarts de température, il ne faut pas oublier que les surfaces peintes doivent être résistantes et faciles à nettoyer.

L'élégant aménagement et la grande fenêtre de ce superbe espace ont permis à David Carter de déployer toutes les possibilités de l'indigo, du beige clair et de l'or mat. La frise fait paraître le plafond plus haut et le traitement du mur en bandes verticales, autre « truc » visuel, accentue lui aussi la hauteur des murs. Ce décor conviendrait également à une salle à manger ou à un séjour.
(À GAUCHE)

Ici, un glacis ocre en partie essuyé (voir pages 78 à 83), appliqué sur un fond crème, met en valeur l'imposant buffet décoré de motifs au pochoir (pages 98 à 101) et de tracés linéaires (pages 96-97). (CI-DESSUS)

Des couleurs somptueuses donnent du caractère à cet espace froid et fonctionnel. Le plafond vert olive et les murs bordeaux s'harmonisent parfaitement. (À GAUCHE)

Les dessins circulaires librement tracés sur les murs créent une joyeuse impression de mouvement, qui compense le décor répétitif des placards. (À DROITE)

LES SALLES À MANGER

Le rouge crée ici une ambiance élégante, mais chaleureuse et accueillante. Notez que le vert un peu pâle de la plante en pot devient presque vigoureux dans cette ambiance à dominante rouge.
(CI-DESSUS)

Luxueuses ou simples, les salles à manger offrent presque autant de possibilités de décoration que les cuisines. Elles peuvent être rustiques ou somptueuses, d'une sobre élégance ou confortables et accueillantes. En premier lieu, pensez à l'usage auquel vous les destinez : réceptions, repas en famille ou les deux. La façon dont vous déciderez de les décorer en dépend. De même que les cuisines, les salles à manger conviennent aux meubles peints et à la décoration au pochoir, en évitant dans ce dernier cas les motifs trop fantaisistes.

Pour donner à cette grande salle à manger un aspect ancien, les poutres et les boiseries ont été dénudées et les murs recouverts de deux couches de glacis colorés - ocre jaune et gris bleu - sur un fond crème (voir pages 78 à 83). Le fini est délibérément irrégulier, évoquant des couches de vieille peinture patinée par les ans.
(À GAUCHE)

Les deux pièces de ce spacieux salon-salle à manger sont unifiées par les bandes verticales des murs (voir pages 96-97). Les bandes sont toutes de la même largeur mais, les plus proches paraissant plus larges, elles agrandissent visuellement l'espace.

(CI-DESSUS)

Cette pièce petite et étroite paraît plus haute car le blanc du plafond descend jusqu'à la moulure, tandis qu'une frise à la feuille d'or attire le regard vers le haut. Les riches coloris d'inspiration égyptienne – or, vert lumineux, bleu, terres rouges et brunes – donnent une atmosphère somptueuse à cet espace quelque peu ingrat.

(À DROITE)

Ce gris rose essuyé, rachète la sobriété du mobilier, sans étouffer les couleurs froides du reste de la pièce.
(CI-DESSUS)

La table peinte et le banc ont été énergiquement frottés aux endroits où ils auraient été naturellement usés par le temps ; l'effet de vieillissement ainsi obtenu est convaincant.
(À GAUCHE)

LES CHAMBRES

Violet, bordeaux et or donnent à cette petite chambre une ambiance à la fois intime et confortable. Le plafond clair empêche ces couleurs puissantes de devenir trop dominantes. (CI-DESSOUS)

Les chambres à coucher sont souvent les pièces les plus délicates à décorer. Ce sont des lieux intimes, des havres de paix. Dans l'idéal, leur ambiance devrait être à la fois apaisante et stimulante ; cela peut sembler contradictoire mais certaines couleurs lumineuses, telles que les bleus soutenus, allient ces deux qualités. Cependant, n'oubliez pas qu'un écarlate éclatant ou un jaune resplendissant, merveilleux lorsque vous allez vous coucher après une longue soirée, risquent de paraître durs et agressifs lorsque vous vous réveillez le matin.

L'ocre doré qui décore les murs de cette chambre de style mauresque crée une atmosphère chaude et accueillante. L'encadrement blanc de l'entrée souligne ses courbes élégantes. (CI-DESSUS)

Un mariage réussi entre le gris bleu et le beige, combinaison de couleurs réputée difficile. Le dessus de lit blanc souligne la simplicité du décor et empêche les deux couleurs de se heurter. (À DROITE)

Ce rose soutenu proche du rouge cerise est traditionnellement utilisé pour décorer les fermettes. Passé sur toutes les surfaces de la pièce aux murs rugueux, il empêche de remarquer le plafond rénové, trop lisse.

(À DROITE)

L'arcade peinte sur ce vieux mur de maison de campagne brise le volume trop carré. Le blanc produit une impression d'espace, tandis que le vert crée une ambiance intime et accueillante.

(CI-DESSOUS)

Les motifs tracés à main levée sur ce mur couvert d'un glacis (voir pages 78 à 83) donnent à cette chambre un cadre majestueux et un peu suranné. Grâce au beau mouvement du dessin, l'effet est apaisant sans être statique.

(EN BAS, À DROITE)

Un puissant outremer passé sur un fond blanc peut évoquer la tempête ou le calme plat, selon l'éclairage et l'humeur du moment. Les rideaux blancs filtrent la lumière, empêchant les reflets verts ou jaunes venus du jardin de durcir ou d'assombrir le bleu.

(CI-DESSUS)

LES CHAMBRES D'ENFANTS

Un délicieux décor marin, aux couleurs vives mais jamais agressives. Les moulures et boiseries bleu clair soulignent les contours de la chambre.
(CI-DESSOUS)

Les chambres d'enfants doivent refléter les intérêts et les goûts des enfants qu'elles accueillent. Leur décoration ne doit pas être « précieuse » au point de les rendre trop élégantes pour y jouer. Dans le cas d'enfants très jeunes, il convient d'éviter les couleurs ou les formes qui pourraient leur faire peur s'ils se réveillent la nuit. Presque tous les enfants aiment beaucoup les couleurs vives, alors n'hésitez pas !

Les chambres d'enfants offrent une occasion unique de jouer en toute liberté avec des images et des couleurs difficilement utilisables ailleurs.

(À GAUCHE)

Des bleus et des verts utilisés à bon escient pour moucheter, souligner, peindre des motifs au pochoir ou à main levée, donnent une impression de spontanéité.

(AU CENTRE)

Grâce à sa structure cruciforme, l'arbre donne une unité aux motifs fantaisistes ; ses tons pâles soutiennent les autres couleurs, plus vives. La commode, très originale, se fond comme par magie dans le décor peint.

(CI-DESSUS)

LES SALLES DE BAINS

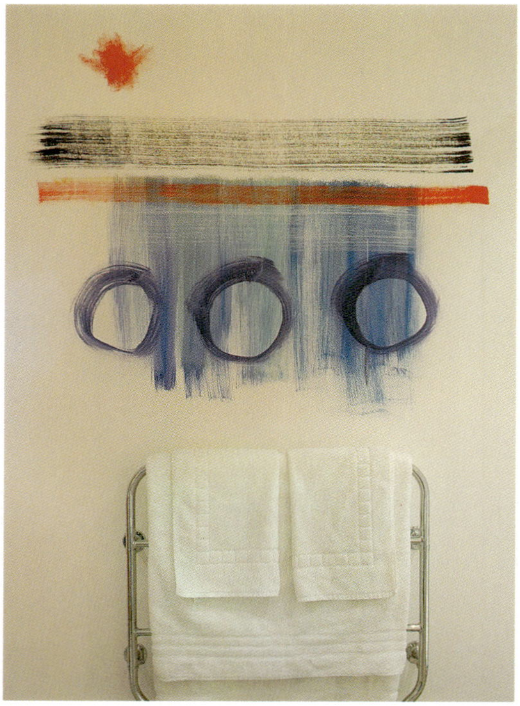

Les salles de bains se prêtent aux effets les plus divers, du faux marbre au décor au pochoir, du glacis au trompe-l'œil. Vous pourrez y créer une ambiance gaie et pleine de charme, confortable ou d'un luxe royal, à votre choix. Bien qu'elles présentent souvent des inconvénients – manque d'espace, éclairage insuffisant, nécessité d'obtenir des surfaces résistantes à l'humidité –, il suffit d'un peu d'imagination pour tourner ces difficultés en avantages.

Un gris argent aux reflets bleutés éclaire cette jolie salle de bains, mettant en valeur la baignoire blanche et les placards aux chaudes couleurs mélangées. (CI-DESSOUS)

Ce dessin abstrait tracé à grands coups de pinceau rouges, bleus et noirs, anime un mur blanc uni ; il paraît très spontané, mais son exécution est en fait très soignée. (PAGE DE GAUCHE, EN HAUT)

Ce glacis essuyé utilisant des nuances chaudes de gris et d'ocre constitue un cadre parfait pour le métal poli et « ouvre » ce minuscule espace. Les effets marbrés (voir pages 108 à 111) font écho à la tablette en vrai marbre. (PAGE DE GAUCHE, EN BAS)

Une salle de bains de style Empire. L'audacieux glacis essuyé des murs en damier (voir pages 78 à 83), que ponctue le dallage ancien, crée une ambiance romantique et raffinée. La même technique a servi à décorer la baignoire, dont les pieds se détachent en blanc. (CI-CONTRE)

Des bandes verticales, de gracieuses arabesques et une fraîche gamme de verts atténués ou délavés s'allient pour donner une impression d'espace à cette étroite salle de bains.
(CI-CONTRE)

Le jaune peut donner d'excellents résultats dans une salle de bains. Ici, il empêche le blanc cassé des placards de devenir trop froid et forme un heureux contraste avec le fauteuil en osier peint en fausse écaille (voir pages 116-117).
(PAGE DE DROITE, EN BAS)

Cette combinaison de jaune et de blanc, d'une élégance presque classique, met en valeur les généreuses proportions de cette salle de toilette. Les vigoureux accents de Sienne brûlée encerclant la fenêtre ronde et décorant le seuil délimitent nettement la salle de bains proprement dite, et lui donnent une identité bien à elle.

(CI-DESSUS)

LES EXTÉRIEURS

Lorsque vous peignez l'extérieur d'une maison, certaines possibilités de décoration sont très intéressantes. Les couleurs et les effets que vous utiliserez seront notamment dictés par le climat, les matériaux, les proportions et le style de la maison. En règle générale, les couleurs vives seront réservées aux portes et aux fenêtres lorsque la lumière est froide et diffuse, mais elles conviennent aussi aux murs dans les régions plus ensoleillées.

Ce badigeon d'un bleu ciel soutenu (voir pages 78 à 83) est tout à fait adapté à une vieille habitation rurale. Cette couleur vibrante met en valeur le gris argenté de l'ossature en bois et forme un heureux contraste avec les tons chauds des tuiles et de la porte en bois.

(CI-DESSUS)

Des meubles peints à l'essuyé complètent la sobre élégance de cette véranda en bois. Le gris des murs contient suffisamment de bleu pour ne pas paraître terne et se marie avec les verts tendres du paysage.

(À GAUCHE)

La couleur rouille de cette maison traditionnelle du Connecticut est d'une plaisante intensité. Le bleu et le vert vifs des volets intérieurs rompent la monotonie de la façade, empêchant cette grande surface de devenir trop écrasante.

(CI-DESSUS)

Le petit œil-de-bœuf risquerait de se perdre dans ce grand mur s'il n'était souligné par le large encadrement blanc et les barreaux de même couleur. Des barreaux de couleur foncée l'auraient fait ressembler à un trou noir et, sans le soutien de l'encadrement, des barreaux blancs auraient paru grêles et inconsistants.

(À GAUCHE)

Une chaude couleur de terre sur des murs rugueux souligne la beauté naturelle de la rampe en pierre et de l'encadrement de la porte.
(CI-DESSUS)

Un excellent parti a été tiré de cette entrée froide et impersonnelle en peignant le mur intérieur d'un vigoureux rose violacé. Cette couleur contribue également à structurer l'espace, en attirant le regard vers la cour située au fond.
(À GAUCHE)

Chacun des panneaux de cette double porte a fait l'objet d'un traitement différent. Les nombreux petits rectangles ont été peints de couleurs soigneusement contrastées. Ce type de décoration exubérante est particulièrement adapté aux climats chauds et ensoleillés, surtout lorsque les murs environnants sont peints dans des couleurs tout aussi vives.

(CI-DESSUS)

Des dessins figuratifs tracés à main levée dans une gamme de tons chauds confèrent une superbe vitalité à l'entrée de ce chalet. Les divers éléments témoignent du même esprit humoristique : la porte rouge peut être « lue » comme un visage et les rayons du soleil qui orne le portique évoquent une chevelure.

(CI-CONTRE)

DES BADIGEONS AUX GLACIS À L'ÉPONGE, DU FAUX BOIS AU FAUX MARBRE, LES DIFFÉRENTS EFFETS QUE PERMET LA PEINTURE PEUVENT EMBELLIR LA PLUPART DES SURFACES, ET C'EST SOUVENT PLUS SIMPLE QU'ON NE L'IMAGINE.

Techniques et effets

EN DÉPIT DE LEUR DIVERSITÉ, les techniques de peinture décoratives peuvent se diviser en trois grands groupes. Le premier est le frottis, *apparenté au* glacis. *Il consiste à appliquer une ou plusieurs couleurs en couches semi-transparentes sur un fond de couleur différente ; ces couches peuvent être partiellement essuyées ou travaillées d'autres façons pour obtenir divers dessins ou textures. Le deuxième, le* vieillissement, *regroupe les procédés destinés à donner aux surfaces et aux objets un aspect usé ou ancien. Le dernier groupe, celui des « faux », consiste à imiter avec de la peinture divers matériaux tels que le bois ou le marbre ; il comprend également la technique plus complexe des illusions d'optique, ce que l'on appelle le* trompe-l'œil.

Tous ces effets ont un point commun : étant réalisés à la main, leur résultat sera toujours unique et donnera aux surfaces ou objets décorés un aspect tout à fait personnel et authentique.

Des losanges de Sienne brûlée et d'ocre jaune exécutés au badigeon procurent à cet étroit escalier tournant une impression de hauteur vertigineuse.

LES COULEURS MÉLANGÉES

Les glacis

Un glacis vert clair passé librement sur un fond jaune pâle. L'effet inégal qui en résulte adoucit ces murs, qui auraient paru rigides avec une teinte uniforme. (CI-DESSUS)

Moyen élégant de mettre des murs en valeur, le glacis consiste à appliquer une couche de peinture diluée, parfois au point d'être translucide, sur un fond blanc ou de couleur. Trois types de peinture peuvent être utilisés : les glycérophtaliques, qui donnent généralement une plus grande profondeur à la couleur ; les émulsions vinyliques ou acryliques à l'eau, qui donnent une couleur plus plate mais qui sèchent vite ; et la détrempe, difficile à trouver dans le commerce, mais que vous pouvez préparer (voir page 201).

Vous pourrez donner aux glacis des textures et des apparences diverses grâce aux techniques décrites dans ce chapitre, notamment celle de l'« essuyé ». Elles autorisent n'importe quelle combinaison de couleurs. Il est toutefois préférable de limiter le nombre de nuances, sinon vous risquez de ne plus vous y retrouver et d'obtenir, par exemple, un ciel d'orage alors que vous désiriez une atmosphère beaucoup plus sereine.

Glacis à la peinture glycérophtalique

PRÉPARATION

Un mur en plâtre convenablement apprêté doit recevoir deux sous-couches suivies de deux couches de la couleur choisie pour le fond. Une peinture satinée ou semi-mate donnera le meilleur résultat : elle est lisse et régulière, tout en ayant suffisamment de matière pour bien accrocher le glacis final. Laissez toujours sécher le fond pendant 24 heures avant d'appliquer le glacis.

APPLICATION

Les peintures glycérophtaliques ou à l'huile sont habituellement diluées avec une quantité égale de white-spirit. Une quantité supérieure de solvant donnera un aspect plus transparent, mais le white-spirit risque alors de se séparer de la peinture pendant la nuit ; ne préparez par conséquent que la quantité que vous pourrez utiliser en une journée. Pour obtenir un glacis uniforme et du ton désiré, utilisez de préférence de la peinture glycérophtalique neutre (non colorée), convenablement diluée avec du white-spirit. Si vous la diluez trop, elle deviendra translucide, mais la couche de plus en plus irrégulière produira un effet diapré ou pommelé, ce qui n'est pas nécessairement ce que vous souhaitez.

La sous-couche peut être également diluée avec du white-spirit et utilisée comme glacis ou badigeon sur un fond de la même peinture non diluée, ou sur un fond satiné si vous recherchez un effet mat mais d'une certaine profondeur. Les couleurs seront toutefois moins belles qu'avec la peinture glycérophtalique neutre. La peinture satinée, convenablement diluée, donne un résultat moins homogène que la peinture neutre, mais des couleurs de meilleure qualité que la sous-couche.

Toutes ces peintures seront appliquées à l'aide d'un pinceau de décorateur large et souple, soigneusement et régulièrement, en peignant toujours vers la source de lumière pour que les coups de pinceau ne se voient pas. Dans le cas d'un glacis à l'huile, laissez sécher chaque couche 24 heures.

Un glacis à l'huile donne à ces murs une belle transparence, que complètent les boiseries peintes selon la technique de l'essuyé, révélant par endroits le fond vert et même des coins de bois nu.
(CI-DESSUS)

SUPERPOSITIONS ET FROTTIS

Pour cette technique, la peinture glycéropthalique doit être diluée avec du white-spirit, généralement en quantités égales ; le temps de séchage entre les couches sera par conséquent réduit à 8-12 heures. Appliquez chaque couche avec une grande brosse, à coups amples et croisés. Pour adoucir l'effet, tamponnez avec une brosse sèche au fur et à mesure. Lorsque la première couche est sèche, appliquez la seconde de la même manière et laissez sécher.

FINITION

Il est indispensable de protéger les surfaces ainsi traitées avec au moins une couche de vernis glycérophtalique mat ou semi-mat, car la forte dilution de la peinture et son application irrégulière la rendent particulièrement fragile.

Glacis et badigeons à l'eau

PRÉPARATION

Pour réaliser un glacis avec une émulsion sur une surface de plâtre, il convient de passer d'abord deux couches d'émulsion colorée servant de fond : la première diluée avec un tiers d'eau, la deuxième utilisée pure. Laissez sécher au moins 24 heures avant de poser le glacis. Si vous travaillez sur une couche de peinture ancienne, lavez-la soigneusement en terminant avec du vinaigre dilué dans de l'eau afin d'éliminer toute trace de graisse, puis rincez bien. Pour le glacis, l'émulsion peut être diluée avec trois parties d'eau, voire quatre si vous voulez qu'elle soit translucide.

APPLICATION

Le glacis à l'eau le plus transparent est un mélange de pigment pur et d'eau, additionné d'une très petite quantité d'émulsion pour la lier, lui donner un peu de corps et, ainsi, la faire tenir. Comptez environ 2 cuillerées à soupe de peinture par litre d'eau. Pour renforcer la couleur, vous pouvez ajouter un peu de gouache fine, en faisant un essai sur un carton préalablement peint avec la couleur de base.

Pour obtenir un glacis translucide, diluez l'émulsion avec quatre parties d'eau. Appliquez ce mélange généreusement et rapidement, avec une grande brosse souple. Il est conseillé d'avoir à portée de main un pinceau ou une éponge pour essuyer les éventuelles coulures. Si vous préférez un glacis un peu moins transparent, avec un peu plus de corps, n'utilisez que trois parties d'eau pour une de peinture.

SUPERPOSITIONS ET FROTTIS

La peinture à l'eau est généralement considérée comme la mieux adaptée à cette technique ; dans l'idéal, elle devrait être appliquée sur d'autres peintures à l'eau ou acryliques. Un glacis à l'eau sèche rapidement et donne un fini doux et légèrement brumeux. Appliquez-le généreusement et librement, en brossant dans toutes les directions et en laissant quelques parties du fond libres, ou couvertes d'une couche très légère. Laissez sécher 24 heures avant d'appliquer la couche suivante. Celle-ci devra être mince et régulière, afin de ne pas cacher les « réserves », mais d'en adoucir l'aspect tout en renforçant la couleur de la couche précédente. Vous pouvez appliquer autant de couches que vous voudrez, mais plus elles seront nombreuses, plus la couleur s'assombrira et moins l'aspect final sera diapré et translucide.

FINITION

Comme pour les glacis à l'huile, il est conseillé de protéger les glacis à l'eau, fragiles, avec une ou deux couches de vernis mat ou semi-mat, en l'occurence acrylique.

Commencez par peindre le fond avec une émulsion, soit régulièrement, soit en croisant les coups de pinceau pour obtenir un effet plus heurté. (EN HAUT)

Ensuite, passez le glacis (une émulsion diluée) pour obtenir un aspect vaporeux et irrégulier. (CI-DESSUS)

Pour obtenir un subtil effet de lumière dorée, passez sur un fond jaune pâle peint à l'émulsion un léger glacis (1/3 de peinture pour 2/3 d'eau), teinté avec de la Sienne brûlée et de l'ocre jaune. (CI-CONTRE)

Glacis à la détrempe

Les glacis à la détrempe sont très semblables à ceux obtenus avec des émulsions. Ils sont toutefois moins résistants et présentent un aspect plus doux et plus granuleux.

PRÉPARATION

Il existe trois grands types de détrempe : la détrempe du commerce, contenant un liant gras ; la détrempe simple, composée de craie ou de blanc de Meudon et de colle ; enfin, la détrempe à base de caséine (voir préparation page 201). La détrempe est particulièrement recommandée pour les surfaces irrégulières. Elle peut être appliquée sur toute surface saine déjà peinte avec une émulsion, à condition qu'elle soit propre et sèche. En revanche, évitez de l'utiliser sur de la détrempe ancienne. Pour la première couche, la détrempe doit avoir la consistance d'une émulsion courante ; pour les couches de glacis, diluez-la jusqu'à ce qu'elle ait la consistance du lait.

Pour mettre en valeur ce moulage « antique », le mur a été peint à l'essuyé avec de la détrempe en deux tons de gris bleus neutres, doucement frottés avec un chiffon avant d'être secs. (CI-CONTRE)

Le fini plus robuste de ces murs a été obtenu en appliquant irrégulièrement un lavis terracotta *sur un fond plus clair.* (EN BAS, À GAUCHE)

APPLICATION

Le détrempe sèche très vite. Si vous utilisez de la détrempe ordinaire, augmentez son temps de séchage en ajoutant une cuillerée à soupe de glycérine par litre.

Fermez les portes et les fenêtres pour éviter que la peinture ne sèche trop vite et appliquez la détrempe généreusement et rapidement, en commençant par les murs les plus proches des fenêtres et en orientant chaque coup de brosse vers la lumière. Si vous avez oublié de peindre une partie de mur, retouchez à l'aide d'une éponge : lorsqu'ils ont commencé à sécher, les coups de pinceau se fondent difficilement. Dès que vous aurez terminé, ouvrez portes et fenêtres pour que l'air circule. Selon l'effet recherché, il faut passer entre une et quatre couches. Laissez sécher 24 heures avant de passer la couche suivante.

Les glacis au vernis

Les glacis au vernis donnent aux murs un aspect à la fois lumineux et transparent. Vous pouvez remplacer la peinture glycérophtalique diluée par un vernis glycérophtalique teinté avec des pigments pour artistes ou avec de la peinture mate ou satinée. Les vernis du commerce ont des consistances très diverses. Plus vous ajouterez de solvant, plus le séchage sera rapide. Les vernis acryliques utilisés en glacis peuvent être appliqués indifféremment sur des peintures à l'huile ou à l'eau, mais l'effet obtenu ne sera pas le même.

Pour obtenir une surface lisse, passez un glacis glycérophtalique sur le fond, à coups de pinceau verticaux et parallèles. (EN HAUT)

Pour un effet plus irrégulier, croisez les coups de pinceau. (CI-DESSUS)

Ce bleu subtil et lumineux est obtenu en passant un léger glacis outremer sur un fond bleu ciel très clair, le tout à la peinture glycérophtalique. (À DROITE)

Vernis glycérophtaliques

Ces glacis peuvent être appliqués sur les mêmes fonds colorés que ceux décrits pour les peintures glycérophtaliques (voir page 79). Si vous les teintez avec des couleurs à l'huile fines, diluez-les au préalable dans une petite quantité de white-spirit, puis versez lentement le mélange dans le vernis en remuant constamment. Ensuite, diluez le vernis avec du white-spirit jusqu'à obtenir la consistance désirée et testez la couleur sur un carton préalablement peint avec la couleur de fond.

APPLICATION

Comparé aux peintures glycérophtaliques, le vernis teinté sèche rapidement. Appliquez le glacis avec une brosse souple de 9 cm, à coups de pinceau réguliers et parallèles, de haut en bas. Travaillez énergiquement, mais sans hâte excessive. Pour vous habituer à cette technique, exercez-vous d'abord sur un carton ou sur une partie du mur destinée à recevoir une autre couche. Le vernis donne une belle impression de profondeur et une transparence rarement atteintes avec la peinture diluée, mais il est plus difficile d'obtenir un résultat uniforme. Ne repassez jamais le pinceau plus d'une minute après l'application du vernis, sous peine de provoquer des striures.

SUPERPOSITIONS ET FROTTIS

Le vernis glycérophtalique permet d'obtenir des effets plus précis que les peintures glycérophtaliques diluées. Il sèche plus rapidement et le résultat final évoque plutôt le verre coloré diaphane que la pierre diaprée ou marbrée. Appliquez le vernis par larges touches croisées. Il est recommandé de s'exercer au préalable sur un carton pour être sûr d'obtenir l'effet souhaité.

FINITION

Pour les glacis au vernis glycérophtalique, une couche de finition n'est pas indispensable ; une couche finale de vernis mat ou semi-mat est néanmoins recommandée. Elle donnera à la surface un fini uniforme qui rehaussera l'aspect diapré, tout en atténuant les différences de brillance.

Vernis acryliques

PRÉPARATION

Sous forme concentrée, les vernis acryliques ont un aspect légèrement laiteux qui refroidit un peu les couleurs. Ils peuvent être appliqués sur des émulsions, et sur des peintures glycérophtaliques à condition qu'elles soient parfaitement sèches et complètement exemptes de graisse.

Les vernis acryliques peuvent être colorés avec des couleurs fines pour aquarelle, de la gouache, des émulsions colorées ou des colorants universels dilués au préalable dans un peu d'eau ou mélangés directement au vernis. La première option vous permettra de mieux contrôler la couleur obtenue, mais évitez de trop diluer le vernis. Ajoutez le colorant progressivement en remuant bien, puis faites un essai sur un carton pour vous assurer qu'il ne subsiste pas d'agglomérats de pigment qui laisseraient des traînées sur le mur.

Mélangés à parties égales avec du médium acrylique pour artistes, les vernis acryliques permettent d'obtenir un effet très transparent mais donnent parfois un aspect laiteux aux couleurs pâles. Il est ensuite possible de les diluer avec un tiers d'eau. Si vous préférez colorer le vernis avec une émulsion, un mélange de sept parties de vernis, deux parties d'émulsion et une partie d'eau constitue une bonne moyenne.

Contrairement aux émulsions, les vernis acryliques sont parfaits pour réaliser des glacis et des frottis sur les portes et les boiseries. Ils conviennent à toute surface lisse et saine, sèche et propre.

APPLICATION

Procédez comme pour les vernis glycérophtaliques (voir page 82). Comme l'acrylique sèche rapidement, évitez de retoucher des surfaces peintes depuis plus d'une minute. Si vous constatez des traînées ou autres irrégularités, ne tentez pas de les rattraper mais ôtez complètement le vernis et recommencez tout. Bien que l'acrylique sèche rapidement, prévoyez au moins 24 heures entre deux couches.

SUPERPOSITIONS ET FROTTIS

Comme les vernis glycérophtaliques, les vernis acryliques doivent être appliqués à coups de pinceau amples et croisés. Exercez-vous sur un carton ou sur une partie du mur jusqu'à obtenir l'effet désiré.

FINITION

Le vernis acrylique n'exige pas de couche de finition particulière.

Ces murs en plâtre ont été décorés avec une série de glacis aux tons délicats, sablés à sec pour obtenir un effet « antique ». (CI-DESSOUS)

Les dégradés

Cette technique consiste à juxtaposer sur une surface plusieurs tons d'une même couleur, allant du plus clair au plus foncé. Elle est utilisée pour équilibrer la répartition de la lumière dans un espace.

Non seulement les dégradés permettent de contrôler l'éclairage d'une pièce, mais ils peuvent aussi « modifier » ses proportions. Utiliser un ton pâle pour le bas des murs et des tons de plus en plus foncés au fur et à mesure que l'on monte permettra d'abaisser un plafond trop haut. Si le processus est inversé, la pièce paraîtra plus haute. Un long mur nu sera plus plaisant s'il est peint dans des tons de plus en plus foncés.

Au lieu de s'en tenir à des valeurs différentes d'une même couleur, on peut obtenir des effets intéressants en utilisant plusieurs couleurs.

Ces subtiles gradations de couleurs ont été obtenues avec une peinture glycérophtalique, en quatre tons de vert émeraude appliqués verticalement sur un fond blanc. Les couleurs ont été fondues avec un large pinceau sec, passé là aussi verticalement, le tout étant recouvert d'une couche de vernis glycérophtalique semi-mat. (À DROITE)

Dégradés à la peinture glycérophtalique

La peinture glycérophtalique neutre est celle qui se prête le mieux à cette technique. Peinture de haute qualité aux multiples usages, elle est nettement plus couvrante que les peintures habituelles du commerce, mais un peu plus difficile à utiliser. Vous la trouverez dans les magasins de fournitures pour professionnels. À défaut, vous pouvez utiliser une peinture ordinaire satinée ou semi-mate de la couleur la plus claire que vous comptez utiliser et la teinter vous-même.

PRÉPARATION

Préparez votre fond avec une ou plusieurs couches de peinture glycérophtalique ou de sous-couche, en diluant la dernière couche avec un mélange d'une partie d'huile de lin pour deux parties de white-spirit. Cela donnera une surface parfaite pour réaliser votre dégradé.

En règle générale, prévoyez quatre tons différents pour un grand mur (trois pour une surface moins importante mais peut-être cinq pour une pièce très vaste). Préparez d'abord la couleur la plus foncée, puis la plus claire, avant de mélanger les tons intermédiaires. Faites dissoudre de la peinture à l'huile fine dans une petite quantité de white-spirit en mélangeant avec une spatule. Versez le pigment ainsi dilué dans la peinture, en remuant constamment pour qu'il soit bien régulièrement réparti. Soyez prudent : les pigments des couleurs pour artistes sont étonnamment puissants et changeront rapidement la couleur de votre peinture. Lorsque vous êtes satisfait des couleurs, diluez la peinture avec un mélange d'une partie d'huile de lin pour trois parties de white-spirit. Le white-spirit facilite le mélange des tons intermédiaires, tandis que l'huile de lin empêche la peinture de sécher trop rapidement ou de devenir trop « maigre ». N'appliquez aucune de vos couleurs avant de les avoir toutes préparées.

MARQUAGE DES MURS

Avant de réaliser le dégradé, marquez sur les murs les endroits approximatifs où vous voulez passer d'une nuance à l'autre, en divisant l'espace selon le nombre de tons intermédiaires que vous allez utiliser. Il est conseillé d'utiliser à cette fin une cordelette imprégnée de craie bleu clair, qui ne se voit pas sous la peinture.

Pour un dégradé horizontal, suspendez le fil successivement à chacune des marques et faites-le claquer contre le mur de façon à laisser une fine ligne verticale de craie bleue. Indiquez la nuance que vous utiliserez dans chaque bande ainsi délimitée. S'il s'agit d'un dégradé vertical, du haut au bas d'un mur, utilisez un niveau à eau ou demandez à quelqu'un de tenir une des extrémités du fil, que vous ferez claquer pour tracer une ligne horizontale. Comme dans le cas précédent, indiquez la disposition des différentes nuances.

APPLICATION

Pour réaliser un dégradé, commencez toujours par la couleur la plus claire. Changez au moins une fois de pinceau pour éviter de trop mélanger les couleurs ou utilisez un pinceau par couleur. À chaque transition, fondez grossièrement les tons à l'aide d'une simple brosse de décorateur, en allant du plus clair au plus foncé. Ensuite, retravaillez les transitions avec un spalter, puis avec une éponge afin de les fondre complètement. Ce processus sera nettement facilité si vous travaillez avec une autre personne, l'une appliquant la couleur tandis que l'autre suit avec la brosse et l'éponge. Évitez cependant d'échanger vos rôles car deux personnes n'ont jamais exactement le même coup de main.

Dégradés à l'émulsion

Les émulsions conviennent surtout aux dégradés sur de petites surfaces, où elles permettent d'obtenir des effets particulièrement délicats. Sur de grandes surfaces, leur utilisation est plus difficile, à moins de très bien savoir manier la peinture et la couleur. La peinture risque en effet de sécher avant que vous ayez le temps de bien fondre les diverses nuances. Pour remédier à ce problème, il faut utiliser de nombreux tons intermédiaires, du plus clair au plus foncé, et travailler très vite, en appliquant d'étroites bandes de couleurs qu'un assistant unifie immédiatement au spalter et à l'éponge. Passez d'abord une sous-couche pour que le mur soit moins absorbant.

Un sobre dégradé de couleurs appliqué en bandes horizontales. Un dégradé réalisé avec des couleurs foncées prend facilement un aspect sale ou « passé » ; pour éviter cet inconvénient, il faut utiliser des tons nettement distincts. (CI-DESSUS)

La technique de l'éponge

Les techniques de peinture et de glacis à l'éponge sont particulièrement faciles et agréables : plus besoin de se soucier des temps de séchage, de fermer portes et fenêtres, de donner des coups de pinceau en direction de la lumière et d'obtenir un brillant égal. De plus, si vous utilisez de la peinture glycérophtalique, vous pourrez essuyer ce qui ne vous plaît pas et recommencer.

Avec les émulsions, la peinture à l'éponge produit des effets doux, brumeux, et de subtiles transitions de couleurs. La peinture glycérophtalique donne une texture plus rugueuse, évoquant le granit. Enfin, les vernis glycérophtaliques donnent une surface translucide plus proche du marbre.

Les murs de cette chambre ont été peints à l'éponge pour obtenir un précieux effet pommelé. Le fond rose pâle a été recouvert d'une couche d'un rose soutenu, puis de deux nuances de plus en plus claires, ce qui augmente l'impression de profondeur. (CI-DESSOUS)

MATÉRIEL

Prévoyez une cuvette inclinée avec réservoir (du type utilisé pour la peinture au rouleau), un morceau de carton, un chiffon blanc propre et, bien entendu, une éponge. Les éponges naturelles donnent les meilleurs résultats. Elles retiennent mieux la peinture que les éponges synthétiques. Ces dernières peuvent néanmoins convenir, à condition de les déchiqueter avec des ciseaux et de les tourner constamment en travaillant. Avant toute utilisation, lavez l'éponge naturelle à l'eau, pressez-la bien, puis imprégnez-la de white-spirit si vous utilisez de la peinture glycérophtalique. Attendez qu'elle soit bien sèche et qu'elle ait retrouvé son volume primitif avant de vous mettre au travail.

APPLICATION

Trempez légèrement l'éponge dans la peinture et faites des essais sur le carton, en retirant au besoin l'excès de peinture, jusqu'à ce que le résultat soit satisfaisant.

Les glacis à l'éponge donnent de belles surfaces translucides. Réalisés avec une peinture glycérophtalique ou à l'huile, ils auront plus de profondeur ; avec une peinture à l'eau, l'effet sera plus doux, plus velouté. Mais ne les diluez pas trop !

Les deux techniques de base

Il existe deux techniques principales de peinture à l'éponge : la méthode conventionnelle, qui consiste à appliquer les couleurs avec l'éponge, et la méthode soustractive, dans laquelle l'éponge imbibée de solvant sert à essuyer partiellement une couche de peinture pour révéler par endroits la couleur de la couche précédente. La première technique produit une alternance de couleurs qui semblent flotter dans l'espace ; la seconde permet d'obtenir des effets plus nuancés.

Pour la peinture à l'éponge, on utilise en général de deux à quatre couleurs. Appliquez toujours les couleurs plus claires sur les plus foncées, ce qui accroît

Avant de peindre un mur à l'éponge, faites des essais sur un carton pour pouvoir déterminer la quantité de peinture idéale. Il est conseillé de refaire un essai chaque fois que vous rechargez l'éponge. (À GAUCHE)

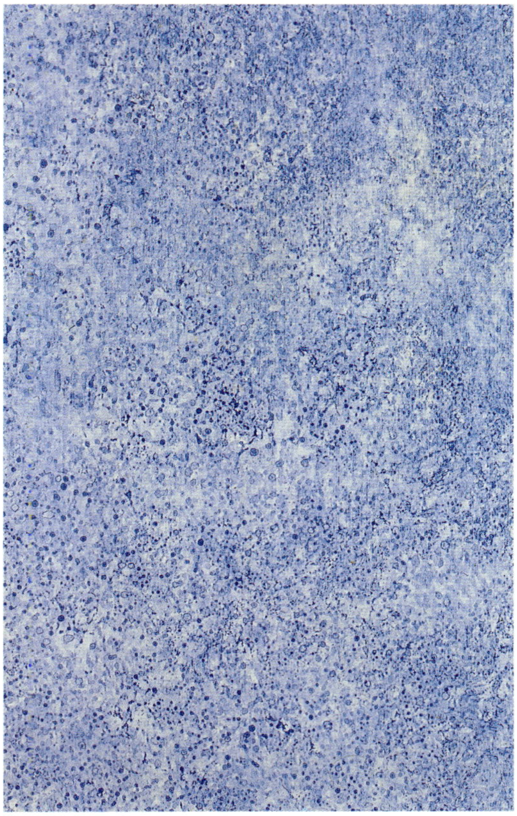

Cette surface peinte à l'éponge possède à la fois de la profondeur et du mouvement. Un bleu de cobalt foncé a été généreusement appliqué sur un fond d'un bleu très clair, presque blanc, avant d'être recouvert d'une dernière couche d'un bleu de cobalt plus dilué. (À GAUCHE)

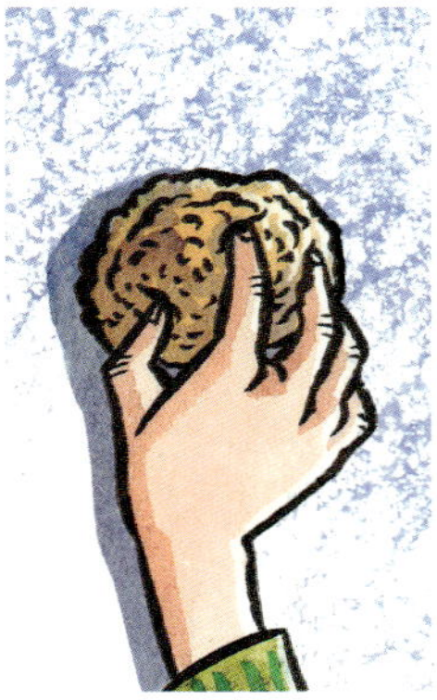

Sur un fond assez clair et régulier, passez une couche d'une couleur plus foncée, en l'étalant doucement à l'éponge. (CI-DESSUS)

Lorsque cette première couche est sèche, passez-en une deuxième, d'un ton plus clair, de façon à recouvrir irrégulièrement la précédente. (CI-DESSUS)

l'impression de profondeur. Si vous voulez décorer à l'éponge les murs et les boiseries d'une même pièce, évitez d'utiliser la même couleur pour ces deux types de surfaces.

La peinture à l'éponge sur bois

Pour les petits meubles aux formes délicates, il convient d'utiliser une peinture à l'huile plutôt qu'une peinture à l'eau. Par contre, les meubles plus massifs et les boiseries de grandes dimensions bénéficieront de l'effet finement diapré des peintures à l'eau, mais il faudra les protéger par une couche de vernis.

Le glacis est partiellement retiré à l'aide d'une éponge humide ou imprégnée de solvant. (CI-DESSUS)

Essuyer une surface à l'éponge produit un effet plus vaporeux que de peindre directement à l'éponge. (CI-CONTRE)

Le moucheté

Le moucheté est l'un des procédés les plus plaisants et les plus intéressants, mais ne vous fiez pas à son apparente simplicité. Il exige bien plus d'habileté que la peinture à l'éponge ou au chiffon. Il est en outre très salissant ; prenez soin de protéger tout ce que vous ne voulez pas asperger de taches multicolores – y compris vous-même ! Le choix des couleurs est la clef d'un moucheté réussi ; si vous avez une idée précise de ce que vous voulez, soyez sûrs que l'audace sera toujours récompensée.

MATÉRIEL

L'outil de base indispensable est un pinceau à poils durs et assez courts. Il vous faut aussi une épaisse règle en bois, de la peinture à l'huile ou à l'eau, du solvant et quelques feuilles de papier que vous aurez peintes au préalable avec la couleur choisie pour le fond. La peinture doit avoir la consistance du lait : plus liquide, elle coulerait sur les murs. Faites des essais jusqu'à obtenir la couleur et la consistance désirées, puis exercez-vous à « éclabousser » votre support jusqu'à ce que vous ayez trouvé le bon geste.

Effets inversés : un mur vert pâle délicatement moucheté de noir et un manteau de cheminée gris ardoise moucheté de blanc. (À DROITE)

APPLICATION

Pour réaliser un moucheté, il existe deux méthodes principales. Pour obtenir des taches moyennes, d'environ 6 mm de diamètre, chargez légèrement l'extrémité du pinceau, placez-vous à une trentaine de centimètres de la surface à peindre et frappez d'un geste sec la virole du pinceau sur la règle. Évitez de redresser vivement le pinceau si vous ne voulez pas « décorer » votre visage au lieu du mur. Si vous souhaitez des taches plus grandes, rapprochez-vous du mur ou de l'objet.

Pour obtenir des taches plus petites et mieux contrôler le résultat, essayez de tenir le pinceau à la verticale, les poils vers le haut, à une vingtaine de centimètres de la surface, et passez un peigne (ou votre doigt) sur les poils, d'un geste régulier et ininterrompu, en revenant vers vous. Avec un peu de pratique, vous réussirez à diriger la trajectoire des gouttes de peinture.

Si vous avez l'intention d'appliquer une deuxième couche de mouchetures, laissez suffisamment de vides pour que les taches ne soient pas trop serrées. En projetant des taches plus claires sur un moucheté foncé, vous obtiendrez un certain effet de relief.

Pour moucheter des plafonds, tenez la règle au-dessus du pinceau et frappez vers le haut. Tenez-vous un peu plus près de la surface, pour compenser l'effet de gravité.

Pour obtenir un moucheté, frappez la virole du pinceau contre une règle en bois assez solide. Plus vous vous tenez près du mur, plus les taches sont grandes. (CI-DESSUS)

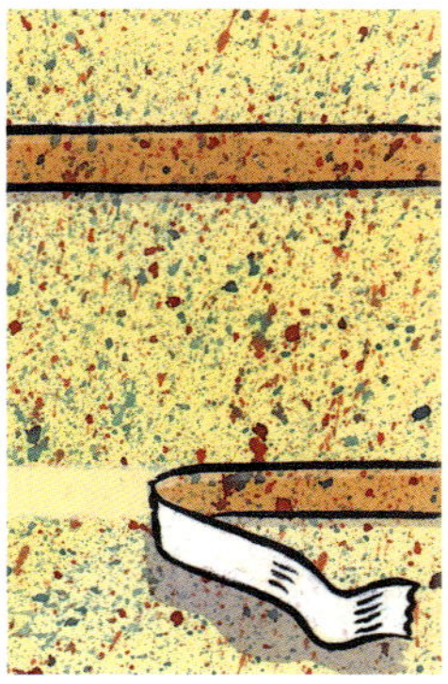

Pour obtenir des bandes unies sur un mur moucheté, créez des réserves avec du ruban adhésif spécial que vous retirerez une fois la peinture tout à fait sèche. (CI-DESSUS)

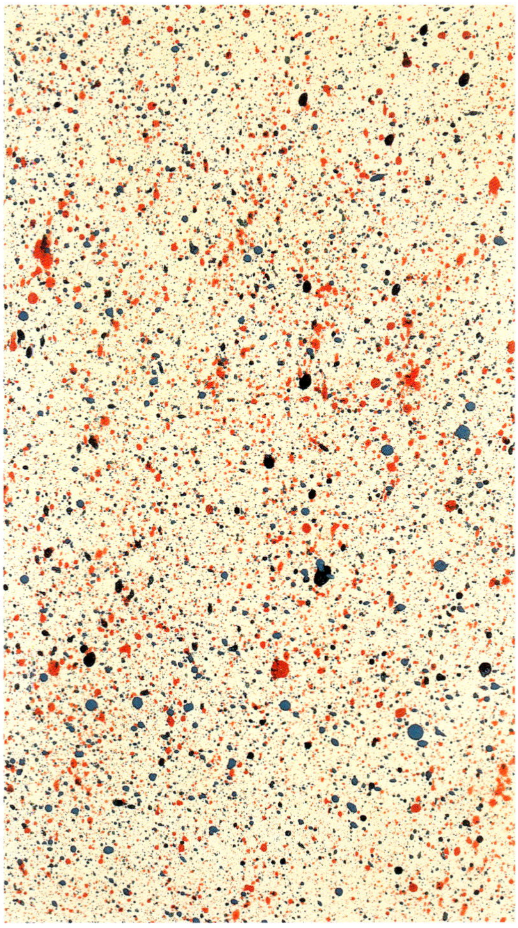

Ce moucheté a été réalisé avec de l'acrylique vermillon, du bleu de céruléum et de l'indigo. La peinture a été projetée en passant un peigne en acier sur les poils d'une brosse dure. Chaque couleur doit être sèche avant d'appliquer la suivante. Les points les plus gros ont été obtenus en frappant le pinceau sur une règle à environ 45 cm du mur. La surface est unifiée et protégée par une couche de vernis acrylique semi-mat. (À GAUCHE)

PRÉCAUTIONS

Si vous mouchetez au-dessus de vous, il est indispensable de porter un masque et des lunettes protectrices. La plupart des peintures modernes ne sont guère dangereuses, à moins de les avaler ou de les mettre en contact avec les yeux ; la peinture glycérophtalique peut toutefois causer des irritations de la peau, même après avoir été retirée. Mettez des gants en caoutchouc et enduisez les régions exposées d'une crème protectrice spéciale.

La peinture au chiffon

Cette technique consiste habituellement à passer un glacis coloré sur un fond, puis à travailler la surface avec un chiffon ou un tissu : c'est le procédé dit de « l'essuyé ». Selon le type de tissu et de peinture utilisé, les effets seront très variés, évoquant par exemple la pierre ou le velours frappé. Les meilleurs résultats sont obtenus avec des fonds blanc cassé ou très clairs.

Une méthode consiste à utiliser un « boudin » de chiffons, irrégulièrement serré, que l'on roulera sur le glacis. Toutes sortes de tissus peuvent être utilisés, produisant autant d'effets différents. Un autre procédé consiste à tamponner le glacis à l'aide d'un tissu froissé ou roulé en boule ; le résultat sera mieux contrôlé qu'avec le boudin de chiffon. Le « roulage » donne toutefois une certaine impression de mouvement, alors que le « tamponnage » est plus statique.

Un glacis ambré passé au chiffon sur un fond beige clair crée une intéressante texture, qui met en valeur le placard peint à l'essuyé. (CI-DESSOUS)

ROULAGE OU TAMPONNAGE ?

Le roulage convient mieux aux murs et plafonds qu'aux meubles, bien qu'il puisse donner de bons résultats sur des surfaces planes telles que les dessus de tables ou les lambris. Par contre, il ne faut jamais utiliser cette technique pour les portes ou les encadrements des fenêtres : les moulures rendent le travail difficile et le résultat est rarement satisfaisant.

Le tamponnage est idéal pour camoufler des accessoires tels que les radiateurs, qui deviennent pratiquement invisibles s'ils sont traités de la même manière que le mur. Les meubles de grande dimension peuvent être tamponnés, mais en n'utilisant que des effets discrets ; de trop grands contrastes risqueraient de briser leur structure visuelle. Cette méthode est par contre idéale pour mettre en valeur des murs ou autres surfaces anonymes, et pour intégrer des renfoncements disgracieux au volume d'une pièce.

EFFETS DIVERS

Les techniques de roulage et de tamponnage au chiffon, élégantes et polyvalentes, sont appréciées à cause de leur simplicité et de leur rapidité d'exécution. Pour obtenir l'aspect somptueux d'un tissu damassé blanc, mélangez un soupçon de noir à de la peinture blanche et appliquez-la par roulage ou tamponnage sur un fond blanc cassé. Si vous préférez une matière évoquant le velours frappé blanc, roulez du blanc ou du bleu-gris extrêmement clair sur un fond d'un gris neutre.

Faites des essais avec divers tissus pour obtenir toute une gamme de textures : rouler de la toile de jute, du lin ou de la mousseline sur un fond ocre ou jaune pâle donnera respectivement l'aspect du cuir, du parchemin ou d'un fin lainage. Paradoxalement, du tulle roulé sur un mince glacis donnera une impression de toile de lin, tandis que la toile de lin produit un effet de pierre polie.

MATÉRIEL

Utilisez les mêmes types de peintures, diluées dans les mêmes proportions, que pour la peinture à l'éponge (voir page 86). Prévoyez une bonne provision de chiffons, ainsi que de solvant.

APPLICATION

Si vous utilisez des peintures ou vernis glycérophtaliques, il est conseillé d'appliquer la couche que vous voulez essuyer sur un fond plus sombre. Elle pourra être traitée en bandes plus larges que celles utilisées pour le travail au spalter (voir page 95). Pour « rouler » la surface, passez le boudin de chiffon verticalement et horizontalement en le roulant doucement. Exercez-vous au préalable sur du papier kraft ou du carton. Laissez libre environ 15 cm de chaque côté de la bande : vous ferez la jonction en tamponnant. Pour les endroits difficiles d'accès - encoignures, bords des moulures et boiseries - unifiez en tamponnant avec une éponge.

Si vous utilisez une émulsion ou du vernis acrylique, qui sèchent très vite, il faudra changer de méthode. Appliquez la peinture en bandes plus étroites et traitez immédiatement au chiffon ; il est plus facile de le faire à deux. Si vous voulez appliquer une deuxième couche tamponnée, attendez que la première soit complètement sèche. Cette deuxième couche doit en principe être d'une couleur plus claire que la première.

Une couche de vernis incolore appliquée sur une surface traitée au chiffon procure un beau fini, mais il faut donner les derniers coups de pinceau de haut en bas pour éviter un effet moiré. Pour les meubles, utilisez du vernis satiné ; évitez le vernis mat qui donnerait au bois un aspect de carton, ainsi que le vernis brillant qui masquerait les effets les plus délicats.

Comment passer un chiffon roulé en boudin. (CI-DESSUS)

Ici, un glacis glycérophtalique indigo passé sur un fond bleu a été essuyé au chiffon. (CI-CONTRE)

Pressez doucement mais fermement le chiffon roulé en boule sur le glacis, puis retirez-le en évitant de laisser des traînées verticales. (CI-DESSUS)

Une finition au chiffon produit un effet doux et irrégulier. Essayez, par exemple, un glacis rouge grenat sur un fond beige très clair, puis essuyez légèrement au chiffon. (CI-CONTRE)

L'étirage

L'étirage est une technique très libre, qui sert à imiter les veines du bois ; c'est un procédé simple (voir pages 112 à 115) qui produit un effet discret et informel. On procède en faisant glisser une brosse sèche sur un glacis encore humide pour faire apparaître un fond entre les lignes et suggérer un entoilage ou un bois au veinage serré.

Si vous appliquez une seconde couche de glacis et l'étirez, soit horizontalement, soit perpendiculairement à la première, la texture évoquera un tissage ou une étoffe grossière. En étalant deux couches de glacis dans différentes directions avant de les étirer à la verticale, vous obtiendrez un effet rappelant la soie moirée. Les couleurs pastel sont celles qui conviennent le mieux au procédé d'étirage.

Comme cette technique produit toujours un effet de veinage, elle est idéale sur toutes les boiseries, les portes, les plinthes et le mobilier, mais il faut veiller à bien suivre la veine naturelle du bois. Les portes devront être traitées au fur et à mesure que vous peindrez (voir page 199).

Toutes les surfaces et les murs destinés à être traités au spalter doivent être aussi lisses que possible, car ce procédé accentue inévitablement les irrégularités et les bosses. Terminez toujours la première application de glacis en passant un coup de pinceau vers le bas afin d'éviter le plus possible les surcharges.

PEINTURE

En travaillant au spalter sur un glacis à l'huile posé sur une sous-couche, vous obtiendrez un effet opaque et légèrement fondu, mais le séchage sera long. Si vous utilisez un apprêt, une sous-couche à l'huile nature ou semi-mate, et pratiquez l'étirage sur un fin glacis satiné, vous aurez un fini translucide en un temps de séchage très bref. L'étirage pratiqué sur un fond glycérophtalique posé sur une base du même type donnera un aspect presque opaque et très contrasté, mais mettra plus longtemps à sécher. Bien que l'adhérence ne soit pas parfaite, vous pourrez également utiliser

Pour vieillir un bois, appliquez un glacis pourpre indigo sur un apprêt en utilisant une brosse large. Avant que le glacis ne soit sec, frottez la surface en vous aidant d'un chiffon ou de papier froissé. Gravez ou rayez ensuite la surface dès que le glacis sera sec. (À GAUCHE)

cette méthode sur une émulsion encore humide posée sur un apprêt. Le fini sera délicat et l'ensemble séchera très vite.

APPLICATION

Tout comme pour les dégradés, mieux vaut travailler à deux si vous voulez veiner une grande surface. L'un étalera le glacis tandis que l'autre passera le spalter derrière lui. Pour que l'effet final soit homogène, évitez d'alterner les tâches, car personne n'a exactement la même technique d'étirage.

Appliquez une couche et laissez-la sécher. Étalez une couche de glacis et passez un spalter sec de haut en bas.

Nettoyez votre brosse avec un chiffon pour ne pas empâter les soies.

Appliquez votre glacis par bandes de 60 cm de largeur en laissant intacte une bordure d'environ 15 cm de chaque côté, puis faites la jonction en passant le spalter sur le raccord de peinture et sur la bande suivante. Nettoyez fréquemment la brosse pour éviter qu'elle s'empâte. Il est important que votre peinture reste souple, ni dure ni collante, avant de la veiner. Au cas où elle commencerait à se figer, essuyez-la rapidement avec un solvant et recommencez l'opération. Ne posez pas d'autre couche de glacis sur un support collant, car vous risqueriez d'avoir des traînées de couleur.

À moins d'avoir la main très sûre ou d'être un décorateur expérimenté, vous penserez sans doute qu'un étirage parfaitement vertical requiert un certain entraînement. Étirez donc votre glacis en prenant le spalter par le manche, tenez-le comme un crayon en essayant de faire travailler votre poignet en souplesse. Si vous serrez trop le manche, vos lignes seront hésitantes. Appuyez l'extrémité des soies de la brosse contre le mur et laissez glisser en descendant régulièrement.

Si vous manquez de confiance en vous et doutez de réussir un veinage droit, accrochez un fil à plomb au plafond et suivez-le. Ou bien plantez quelques clous sur une latte de bois bien droite de sorte que la tête des clous puisse reposer contre le mur, et servez-vous de cette latte pour vous guider. Vous pourrez utiliser le même procédé pour le veinage horizontal après avoir vérifié la position de la latte avec un niveau à bulle.

Pour obtenir cet effet, utilisez une première couche bleu canard très clair et recouvrez-la d'une couche de peinture glycérophtalique allongée de siccatif. Appliquez un vert émeraude dilué avec du white-spirit dans les proportions de 4/4 pour 1/4 en utilisant une brosse large. Avant que la couleur ne sèche, réalisez le veinage avec une brosse propre en la faisant glisser d'un seul coup de haut en bas. Fixez avec un vernis satiné transparent.
(À GAUCHE)

Vous pouvez utiliser un grattoir à dents irrégulières pour créer des ondulations.
(EN HAUT)

Mieux vaut prendre un grattoir rigide ou même un peigne pour dessiner les motifs parallèles ou les carreaux.
(CI-DESSUS)

Un effet de vibration obtenu en peignant une laque acrylique vermillon sur une base vert émeraude. Pour révéler la couleur du fond, prenez un grattoir triangulaire à dents irrégulières
(CI-CONTRE)

Le peignage

Au même titre que l'étirage, le peignage est une variante simplifiée de l'imitation bois (voir pages 112 à 115) qui sert à créer des motifs contrastés et stylisés. Cette méthode consiste à faire glisser un peigne sur un glacis encore humide. Elle se pratique avec n'importe quel peigne : grattoir triangulaire à dents de caoutchouc spécialement conçu à cet effet, peigne à cheveux ou même règle dentelée à encoches irrégulières.

PEINTURE

Les peintures glycérophtaliques sont les mieux adaptées à cette technique. Si vous pratiquez le peignage sur une couche finale glycérophtalique posée sur un apprêt, vous obtiendrez une légère ondulation. Les combinaisons de couleurs suggérées pour l'étirage (voir pages 92-93) conviennent également au peignage.

APPLICATION

En tant que technique de superposition de couleurs toujours suivie d'une autre opération plus simple, le peignage sera bien plus facile à réaliser à deux. Utilisez la méthode décrite pour l'étirage (voir page 93). Ce sera sans doute utile de vous guider en prenant un fil à plomb ou une latte de bois.

SOLS ET PARQUETS

Le peignage est une technique idéale pour décorer un sol. Au niveau le plus simple, vous pourrez vous contenter de suivre la veine du bois, mais il existe de nombreuses variantes permettant de créer d'autres motifs, par exemple, des imitations de paille tressée. Pour les sols, il faudra utiliser une peinture glycérophtalique posée sur une sous-couche ou sur un enduit mat. Votre parquet peint durera plusieurs années s'il est protégé par trois couches de vernis polyuréthanne ou cinq couches de vernis traditionnel.

Le bois neuf doit être enduit avant de recevoir une sous-couche. Vous étalerez ensuite deux couches de votre couleur de base légèrement diluée. Pour la couche finale destinée au peignage, prenez une laque allongée de white-spirit dans les proportions de 3/3 pour 1/3. Si vous voulez réaliser des motifs géométriques, mieux vaut commencer par reproduire le dessin sur du papier en ayant recours à une grille de carrés réguliers. Vous reporterez ensuite la grille directement sur votre sol et y tracerez le dessin à la craie.

Les motifs précis, qui exigent un peignage dans un sens puis dans l'autre, seront réalisés en masquant chaque zone avec une bande adhésive spéciale fixée à la lisière du dessin. Procédez selon le principe du damier en alternant les surfaces à peindre et attendez qu'elles soient bien sèches avant de peigner les autres. Une fois le travail fini, protégez-le avec trois couches de vernis polyuréthanne.

Le flocage

Le flocage se réalise en utilisant une grosse brosse appelée « brosse hermétique », à soies relativement souples. On tapote cette brosse sur un glacis encore humide, en ôtant juste assez de couleur pour que la couche précédente apparaisse. Cette opération permet d'obtenir une fine texture marbrée ressemblant à l'écorce d'un citron.

Les brosses spéciales étant souvent onéreuses, prenez une brosse à chaussure ou une brosse à cheveux souple si la surface que vous voulez décorer est réduite.

PEINTURE

Les peintures vinyliques ou glycérophtaliques conviennent très bien pour cette technique. Le flocage réalisé sur un glacis transparent ou semi-transparent posé sur un fond blanc ou d'une teinte claire produira un effet très élégant rappelant le pastel sur papier. Si vous utilisez une laque, vous ralentirez le processus de séchage, ce qui vous laissera davantage de temps pour travailler. En appliquant successivement une couche de peinture à l'huile mate sur une sous-couche, vous obtiendrez une belle surface irisée.

Cette méthode fonctionne aussi bien sur les grandes superficies que sur les petites. Par ailleurs, on l'utilise aussi pour créer des motifs sur les meubles ou les plateaux de tables en masquant les bords du dessin avec des bandes adhésives. Les surfaces floquées gagnent à être combinées avec d'autres techniques de finition telles que le glacis à l'éponge ou le pochoir.

APPLICATION

Commencez par poser une sous-couche à la brosse ordinaire et laissez sécher. Prenez ensuite une autre brosse ordinaire et étalez une couche de glacis à l'huile ou une laque acrylique. Travaillez par bandes verticales d'environ 60 cm de largeur si vous réalisez un mur. Traitez immédiatement chaque bande en tamponnant la brosse doucement mais fermement sur la laque. Évitez de coucher les soies sur la peinture ou de faire glisser la brosse sur le mur. Dès qu'il y a surcharge de couleur, nettoyez votre outil avec un chiffon imbibé de white-spirit ou d'eau pour les peintures acryliques.

Cette technique est plus facile quand on travaille à deux, l'un étalant la peinture et l'autre effectuant le flocage. Là encore, évitez d'alterner les tâches. Celui qui effectue le flocage laissera toujours intacte une bande d'environ 15 cm à sa droite (travaillez de gauche à droite), de sorte que le peintre puisse repasser sur la première couche avant que son partenaire traite le raccord. Ne floquez pas les limites de chaque bande de peinture avant d'étaler la suivante. Si vous avez malencontreusement posé deux couches de laque au même endroit, traitez-les avec une brosse propre.

Appliquez d'abord une couleur de base puis recouvrez-la d'un glacis à base d'huile ou d'acrylique, en utilisant une large brosse plate. Floquez avec une grosse brosse carrée.
(EN HAUT)

Nettoyez la brosse avec un chiffon pour éviter les amas de peinture.
(CI-DESSUS)

Pour obtenir un effet plus subtil, appliquez une base blanc cassé et laissez-la sécher. Recouvrez-la d'un rose chair et d'un jaune pâle, puis floquez avec deux brosses carrées.
(CI-CONTRE)

Lignes et traits

Le badigeon ocre des murs de cette chambre a été rehaussé à hauteur des lambris par des lignes classiques de terracotta *à la grecque : la forme allongée des panneaux crée une impression de hauteur et rend la pièce plus spacieuse.*
(CI-DESSOUS)

Cette technique consiste à tracer des bandes ou des lignes de couleur pour mettre en valeur les structures d'un lambris, encadrer une surface marbrée réalisée au pochoir ou, plus rarement, créer un effet trompe-l'œil.

MATÉRIEL

Les peintures utilisées doivent être fluides, à la fois fines et très riches en pigment : les couleurs à l'huile fine, les acryliques pour artistes ou les colorants universels sont les mieux adaptés à cette technique.

Si vous optez pour une peinture à l'huile, diluez des couleurs fines à l'huile pour artistes ou un colorant universel avec du white-spirit et un peu de siccatif. Le siccatif accélérera le temps de séchage et donnera à la couleur une consistance permettant aux soies de glisser régulièrement sur le support. Un médium à l'huile ou de l'huile de lin pourront remplacer le siccatif, mais le premier risque d'être trop collant et l'huile trop lente à sécher.

Si vous utilisez des acryliques pour artistes, préférez les variétés fluides et mélangez-les pour obtenir la consistance d'un lait crémeux. En ajoutant un ralentisseur de séchage, vous pourrez essuyer les bavures avec une éponge humide.

Pour appliquer la peinture, vous aurez besoin d'une brosse plate de 3 à 6 mm de largeur pour les lignes les plus épaisses et d'un pinceau rond effilé pour les lignes fines. Les décorateurs professionnels utilisent des pinceaux plats en soies de porc (voir page 100) aux poils très longs et effilés contenant davantage de peinture et permettant de mieux contrôler les mouvements.

APPLICATION

Avant de commencer à peindre, tracez légèrement vos lignes au crayon ou à la craie, mais veillez à ôter tout le surplus de craie car il pourrait rester dans le pinceau et se mélanger à la couleur. La craie bleu clair disparaît très facilement dans la peinture. Si vous devez rejoindre deux traits par une ligne courbe, conformez-vous à la méthode qu'utilisaient les peintres de fresques de la Renaissance. Commencez par tracer votre courbe sur un morceau de carton, prenez ensuite une aiguille à repriser et percez une série de trous le long du dessin. Positionnez votre carton et passez un coup de peinture sur les trous en utilisant de préférence une brosse à pochoir. Après avoir ôté le carton, il restera une courbe constituée de petits points. Reliez-les entre eux à l'aide d'un pinceau fin.

Si vous n'avez pas l'habitude de travailler à main levée, utilisez une règle pour guider votre geste. Placez la règle de sorte que la partie biseautée soit appliquée contre le mur, maintenez-la avec votre main gauche, prenez appui sur le médium de votre main droite et tracez votre ligne en faisant glisser votre main le long de la règle. Si vous voulez tracer une ligne continue, enduisez une bande liège de colle et posez-la délicatement contre le mur, puis faites glisser le pinceau en suivant le bord comme indiqué précédemment. Certains préfèrent utiliser un fil tendu horizontalement ou verticalement entre deux clous. Si vous optez pour cette méthode, il vous faudra suivre la ligne avec le bout du pinceau et non avec la main.

TACHES ET ERREURS

Si vous prenez une peinture glycérophtalique, appliquez une couche de vernis transparent sur la surface avant de tracer vos lignes. Cette astuce aidera la peinture à se répartir plus uniformément et vous permettra de nettoyer les taches et erreurs avec un chiffon imbibé de white-spirit. N'oubliez pas qu'il est plus difficile d'ôter une tache indésirable sur un support semi-poreux ; mais si cela vous arrivait, essayez de l'effacer en la ponçant délicatement avec du papier de verre et en veillant à ne pas attaquer la couleur du mur, car les retouches sur le fond se voient toujours. Si vous ne pouvez pas éviter les erreurs, retouchez-les en étalant avec le doigt un peu de peinture sur la tache, puis poncez soigneusement après séchage.

La plupart des taches sont dues à un pinceau trop chargé. Pour éviter cela, égouttez doucement votre pinceau sur le bord de votre seau pour enlever l'excédent de peinture ; essayez toujours d'appliquer la couleur d'un seul geste. Si vous tracez les lignes sur un mur, commencez aussi loin que possible en vous écartant du mur pour que votre bras puisse effectuer un mouvement régulier. Essayez d'être aussi détendu que possible : souvenez-vous que vous pourrez toujours réparer vos erreurs et recommencer. Laissez glisser votre main le long de la ligne et regardez plutôt votre main que le pinceau.

FINITION

Lorsque vous vous serez familiarisé avec la technique des traits, vous pourrez réaliser des effets à l'antique en allongeant la peinture et en variant l'épaisseur des traits. Terminez votre effet par une couche de vernis.

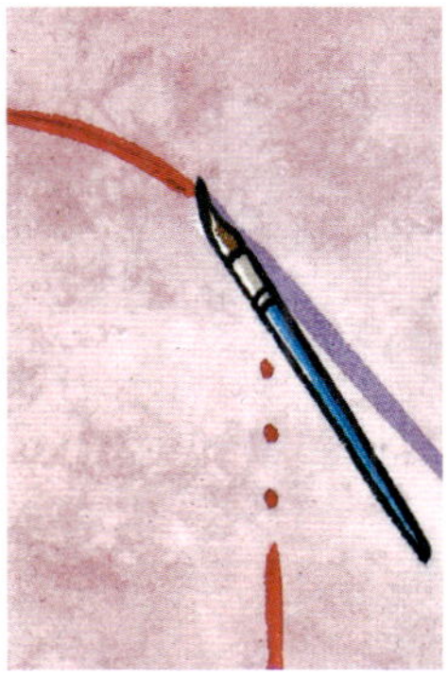

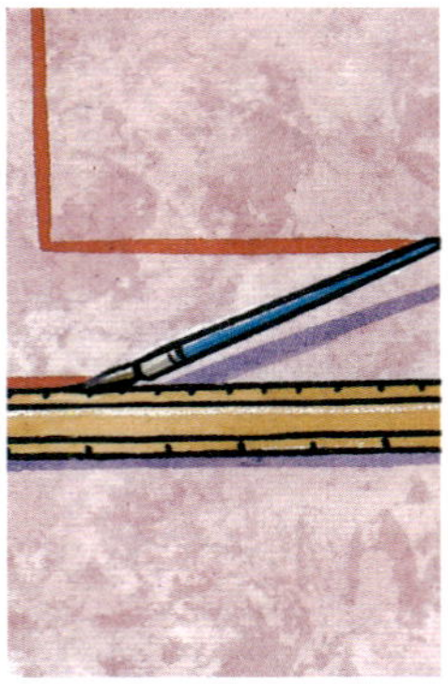

Une peinture acrylique rouge cramoisi appliquée au pinceau rond. (CI-DESSUS)

Aidez-vous d'une règle. Retournez- la pour que le côté biseauté ne touche pas la surface. (CI-CONTRE)

Pour tracer une ligne courbe, commencez par fabriquer un pochoir en dessinant un arc de cercle sur une feuille de carton, piquez-le avec une aiguille en suivant le contour de manière à faire des petits trous. Placez votre pochoir contre le mur et passez un coup de pinceau chargé de la couleur choisie en suivant la ligne. Reliez les petits points avec un pinceau rond pour obtenir une courbe continue. Pour vous faciliter la tâche, prenez appui sur votre petit doigt posé sur la surface. (CI-DESSUS)

Un motif au pochoir complexe mais plein de charme en indigo pâli sur un fond coquille d'œuf. Les lignes des encadrements structurent les motifs et forment des courbes élaborées ; une couche finale de vernis satiné confère à ce décor un doux chatoiement. (À DROITE)

Le pochoir

Le pochoir est une technique extrêmement variée qui peut être utilisée, en intérieur comme en extérieur, sur les murs, les plafonds, les sols, les boiseries, les étoffes, les métaux et même le verre. On l'emploie couramment pour réaliser des frises ou des motifs d'angles, mais aussi sur les sols, les placards, les portes et les meubles ou pour décorer les coffres, les chaises en bois brut ou peintes. Le pochoir peut trouver sa place partout dans une pièce, à condition que les surfaces les plus vulnérables soient protégées par un vernis. Tout comme pour les autres techniques décoratives, les motifs les plus simples sont souvent les mieux réussis ; en effet, les surcharges de détails et de subtilités risquent de passer inaperçues dans une pièce où les objets et la couleur dominent.

MOTIFS DE POCHOIRS

Les pochoirs traditionnels ou contemporains prédécoupés se vendent un peu partout dans les magasins de décoration. Toutefois, ils sont faciles à faire et vous pourrez vous amuser à les fabriquer vous-même. Testez d'abord votre motif, soit en le découpant dans du papier de couleur, soit en le dessinant sur une feuille de papier. Vérifiez ensuite le résultat en le posant sur la surface que vous voulez décorer. Les matériaux les mieux adaptés pour travailler au pochoir sont les feuilles d'acétate transparent et le carton huilé. Découpez toujours votre motif d'une seule pièce et n'essayez jamais de coller deux éléments ensemble : le raccord se verra inévitablement quand vous passerez la couleur.

COUPER L'ACÉTATE

Procurez-vous un cutter, des feuilles d'acétate, un marqueur et du ruban adhésif pour masquer. Installez-vous sur un plan de travail résistant, de préférence une plaque de verre aux bords protégés ; toutefois, une planche de stratifié, de contre-plaqué ou d'aggloméré fera aussi l'affaire.

Posez la feuille d'acétate sur votre dessin et suivez le tracé avec votre marqueur. Fixez la feuille d'acétate sur le plan de travail à l'aide de ruban adhésif. Tenez fermement votre cutter et coupez toujours dans la même direction, sans saccades et sans tordre la lame. Ne mettez jamais votre main sur la trajectoire du cutter, car tout mouvement même lent peut provoquer une blessure profonde. Pour découper des courbes, mieux vaut tourner l'ensemble du dispositif que de suivre le tracé avec votre main. L'acétate tend à se briser ou à se fendre, surtout quand on coupe des arrondis serrés ; en revanche, il est plus facile à travailler que le carton huilé. Commencez toujours par tailler les endroits les plus délicats et n'essayez pas de les découper à l'emporte-pièce. Poncez les bords rugueux avec du papier de verre.

COUPER DU CARTON HUILÉ

Il vous faut un cutter, une feuille de carton huilé, un crayon feutre, du papier calque, un crayon à papier à mine dure (3H-5H), du papier carbone, du ruban adhésif, un plan de travail lisse (voir plus haut).

Le carton huilé est meilleur marché que l'acétate. Mais ce matériau étant plus épais, il vous faudra biseauter les bords pour éviter que la peinture ne coule sous votre pochoir. Commencez par copier votre dessin sur le papier calque en le traçant au feutre, puis reportez-le sur le carton en utilisant le papier carbone et votre crayon à papier. Prévoyez un espace de 2,5 à 5 cm autour du dessin pour que le carton garde sa rigidité quand vous l'éviderez. Fixez le carton sur le plan de travail et découpez en suivant la même méthode que pour l'acétate. Biseautez les bords en tenant la lame à 45° et veillez à couper en vous éloignant le plus possible.

MOTIFS RÉPÉTÉS

Le mieux est de préparer un pochoir pour chaque couleur et d'en changer au fur et à mesure que vous travaillez. Assurez-vous que vos pochoirs sont toujours dans le même alignement. Pour être certain que les pochoirs sont identiques, coupez-les tous en même temps. Placez-les les uns sur les autres, calibrez-les pour qu'ils aient tous la même taille et faites un petit trou à chaque coin en les perçant tous à la fois. Tracez un point au crayon en passant la mine dans chaque trou du premier pochoir que vous utiliserez et servez-vous de ces marques pour vous guider par la suite.

Si vous voulez reporter votre dessin dans un angle, mieux vaut découper deux pochoirs qu'essayer de plier celui dont vous disposez car vous le briseriez.

PEINTURE

Vous pouvez utiliser divers types de peinture et pratiquer le pochoir sur toutes les surfaces peintes ou vernies. Les laques brillantes donnent une belle touche finale.

Avant de passer à la phase de réalisation de votre motif, nous vous conseillons d'appliquer une couche de vernis mat : cette astuce évitera les problèmes, même si la couleur risque de perdre un peu de son éclat. Les bois naturels doivent être préalablement enduits : deux fines couches de vernis mat ou satiné suffiront.

Les peintures les mieux adaptées pour décorer les murs sont les huiles fines et les acryliques pour artistes ; le cas échéant, allongez-les avec un médium acrylique ou de l'eau. Les émulsions acryliques teintées avec des colorants universels, les couleurs pour graphistes diluée avec un peu de white-spirit ou les vernis mats ainsi que toutes les peintures séchant rapidement conviennent également. Une sous-couche, puis une peinture glycérophtalique mélangée à des huiles fines pour artistes et allongée au white-spirit seront très efficaces sur les boiseries, surtout si elles viennent d'être enduites. Mais comme ces couleurs sèchent lentement, mieux vaut accélérer le processus en ajoutant un siccatif (voir page 201).

Un simple motif symétrique peut être sobre ou élaboré. Cette ligne de couronnes dorées sur fond neutre, située juste au-dessus des lambris, donne à la pièce un aspect presque médiéval. (CI-DESSOUS)

AÉROSOLS

Limitez l'usage des aérosols à la réalisation de lignes précises, car ils tendent à donner un rendu poudreux et plat. De plus, ils sont relativement onéreux et l'exécution n'est pas forcément plus rapide qu'avec des peintures traditionnelles. Mais si vous optez pour ce moyen et appréciez ses propriétés, orientez le jet horizontalement en maintenant très fermement le pochoir pour qu'aucune gouttelette ne coule. Pour obtenir un effet couvrant, projetez la couleur sur la surface en avançant et en reculant. Laissez sécher entre les applications. Évitez de tenir l'aérosol trop près du support ou d'appliquer une couche trop épaisse car la peinture risque de couler, de se rider et de craqueler par la suite.

MATÉRIEL ET ÉQUIPEMENT

Choisissez des brosses à pochoir rondes, ressemblant à des blaireaux à soies courtes, plates au bout et très raides. Elles existent en plusieurs tailles, les plus petites étant destinées aux détails. Comme ces brosses ne sont pas très chères, vous n'aurez pas à tailler les soies d'autres pinceaux.

Les brosses à pochoir génèrent une texture granuleuse rappelant la peau d'orange. Si vous désirez obtenir un fini plus lisse, essayez de travailler avec une éponge, un chiffon, un tampon, ou même avec un pinceau relativement dur. Évitez d'utiliser des pinceaux conventionnels, car les poils risquent de se glisser sous le bord du pochoir et de faire des taches.

Vous aurez également besoin d'un grand godet pour chaque couleur (ne plongez jamais complètement votre pinceau dans la peinture), de chiffons à nettoyer, de solvant, de ruban adhésif, d'un niveau à bulle, de crayons ou de craie, d'un fil à plomb ou d'une équerre pour marquer la surface.

MARQUAGE DE LA SURFACE

Il est important de marquer les positions de vos pochoirs avant de commencer à travailler. Si vous traitez un mur, ne prenez jamais les mesures horizontales et verticales en partant des angles ou du plafond, car celles-ci seront rarement exactes. Mieux vaut utiliser un niveau, puis tracer les lignes horizontales à la craie ou au crayon, et prendre le fil à plomb ou une équerre pour les verticales. Marquez l'emplacement de chaque pochoir sur le mur en glissant la mine du crayon dans le trou que vous aurez percé à chaque coin.

Pour marquer un plancher, tracez une grille à la craie, puis indiquez la position de chaque pochoir comme précédemment. Si vous voulez laisser une bordure, prenez une craie et tracez des lignes parallèles autour du motif central en veillant à ce qu'elles soient à égales distances des murs.

APPLICATION

Placez le pochoir sur la surface puis fixez-le avec du ruban adhésif. Versez une petite quantité de peinture dans votre godet et prélevez-en un peu avec votre brosse. Avant de commencer, tamponnez la brosse sur une feuille de papier pour répartir la couleur sur les soies et éliminer l'excédent de peinture. Maintenez ensuite fortement le pochoir contre le mur avec votre main.

Commencez à peindre en partant de l'extérieur. Tapotez légèrement la brosse sur le pochoir, en allant et venant pour répartir uniformément la couleur sur toute la surface. Évitez de faire glisser votre outil car vous risqueriez de mettre de la peinture dessous. Dès que vous avez achevé un motif, laissez sécher pendant une trentaine de secondes, puis ôtez le pochoir en le tenant par le bas et en le détachant par le haut. Placez-le à l'endroit suivant. Si les bords du pochoir recouvrent un dessin précédent, passez au suivant pour éviter les taches. Au cas où vous utiliseriez plusieurs couleurs, laissez sécher la première avant d'appliquer la suivante. Par ailleurs, la peinture risque de s'amasser sur les bords au fur et à mesure du travail. Ôtez-la régulièrement avec un chiffon ou une éponge trempés dans le solvant approprié.

Quand vous aurez fini, nettoyez le pochoir et vos brosses dans le même solvant et rangez les pochoirs à plat en les séparant par une feuille d'aluminium. C'est toujours utile de conserver les pochoirs parce que vous pourriez les réutiliser un jour ou retoucher le motif original. Les pochoirs en acétate et en carton huilé dureront toute une vie s'ils sont bien entretenus et rangés correctement.

Dès que les motifs sont secs, gommez soigneusement la craie et les marques au crayon pour qu'elles ne se voient pas. Avant de vernir, attendez une journée pour les motifs peints à l'eau et deux jours pour les huiles. Tous les travaux au pochoir devront être protégés par deux couches de vernis mat ou satiné. Les sols requièrent au moins trois à cinq couches de vitrifiant.

SUR TISSUS

Les étoffes relativement raides, du type de celles utilisées pour les stores à enrouleur, sont idéales pour la technique du pochoir. À plat, elles sont plus faciles à traiter. Pressez fermement le pochoir sur le tissu et utilisez une brosse dure pour appliquer une peinture spéciale. Fixez le dessin en repassant l'envers pendant au moins deux minutes.

Un large éventail de pochoirs raffinés appliqués sur des murs floqués. La courbure intérieure des feuilles a été légèrement foncée, tandis que la partie extérieure reste floue, produisant ainsi un dégradé plus doux. (CI-DESSUS)

LES EFFETS DE VIEILLISSEMENT

Les poutres mises à nu, les boiseries anciennes des portes des armoires ainsi que les cadres de portes, le bleu gris irrégulier et le badigeon crème des murs donnent à cette chambre une vie particulière. (À DROITE)

Avec le temps, les couleurs ternissent, les vernis jaunissent et prennent cette belle patine due à l'âge. Bon nombre de techniques standards confèrent à toutes sortes de surfaces et d'objets un aspect ressemblant à la douce usure du temps. Les glacis, mouchetures et essuyés peuvent être utilisés sur les boiseries, tandis que les badigeons conviennent mieux aux murs et aux plafonds. Les laques et vernis craqueleurs peuvent être utilisés pratiquement partout.

BOIS LAQUÉS

Pour obtenir un aspect antique convaincant, vous devez d'abord connaître la manière dont les couleurs se fanent. Globalement, on peut dire que le rouge rosit ou vire à l'orange terne, le rouge profond devient orange ou brun, le bleu foncé passe au gris, le bleu moyen au gris verdâtre, le jaune clair, le magnolia et le blanc de titane virent au crème, le jaune vif s'ambre, le blanc de zinc et le vert tournent au gris. Les glacis à l'huile suggèrent parfaitement l'aspect irisé et marbré des vieilles peintures. Utilisez un mélange de peinture et de siccatif mat dans une proportion de 3/3 pour 1/3, puis ajoutez un peu de laque glycérophtalique pour obtenir un fini délicat.

VERNIS TEINTÉS POUR LE BOIS

Pour couvrir un glacis ancien, vous pourrez utiliser un vernis teinté ou nature. Les siccatifs à l'huile tendent à donner des reflets jaunâtres que vous pourrez renforcer en utilisant des vernis à vieillir. Pour vieillir les moulures, appliquez une couche uniforme d'un glacis teinté, puis estompez-le en frottant avec un chiffon. Les glacis incolores et teintés s'utilisent aussi en surface pour suggérer une usure irrégulière. Si vous voulez vieillir un plateau de table, appliquez une laque incolore au centre, puis ajoutez un vernis

teinté au pinceau en le brossant à partir des côtés ; vous imiterez ainsi les zones sombres qui apparaissent au bord des tables après des années d'usage.

Les couleurs les plus fréquemment ajoutées aux vernis à vieillir le bois sont des pigments minéraux comme l'ombre brûlée ou nature, la terre de Sienne nature ou brûlée, et l'ocre. Avec l'âge, la peinture blanche tend parfois à virer au gris ; pour imiter cette métamorphose, prenez un peu de céruse ou, pour obtenir un bel effet de transparence, un blanc de zinc avec un peu de noir de suie. Mélangez des couleurs à l'huile fines pour artistes à votre laque glycérophtalique, ou même de la gouache ou des acryliques à vos peintures à l'eau. Prenez des glacis teintés en gris ou en brun pour vieillir une surface noire.

EFFET MOUCHETÉ SUR LE BOIS

On peut avoir recours au moucheté pour simuler les taches rousses qui recouvrent tant de peintures anciennes ou de boiseries vernies. Les peintures glycérophtaliques, les acryliques, les encres brunes ou noires seront très efficaces. Si vous choisissez une encre, couvrez d'abord la surface à vieillir d'une couche de vernis ou de gomme-laque avant de la moucheter, en vous inspirant de la méthode expliquée aux pages 88-89. L'un des secrets de la réussite est de savoir où moucheter : les angles de tiroirs, les dessus où les pieds tournés de certains meubles, les rampes et les balustrades sont les endroits les plus convaincants.

DÉCOLORATION

Pour produire un effet tacheté, on éclabousse un peu de white-spirit sur une peinture à l'huile encore humide, ou de l'eau sur un peinture à l'eau. Le white-spirit peut être utilisé aussi bien pour les peintures à l'huile qu'à l'eau. Les deux méthodes donnent un aspect très crédible que l'on peut renforcer en finissant par une couche de vernis teinté. Les laques brillantes n'ont pas leur place sur une surface à l'ancienne ; en revanche, les vernis satinés sont mieux adaptés. Le meilleur fini sera obtenu en étalant plusieurs fines couches de vernis incolore mat ou satiné.

Les craquelures

CRAQUELURES SUR BOIS

En vieillissant, les peintures à l'huile commencent à se craqueler, produisant un réseau irrégulier de petites fissures aussi fines que des cheveux. Ce phénomène, que l'on appelle « craquelure », concerne également les vernis. Les vernis craqueleurs à l'huile sont transparents et créent un effet de craquelures irrégulières très convaincant. Ils sont néanmoins plus délicats à utiliser que les vernis à l'eau. Les glacis craqueleurs transparents et opaques conviennent aussi – bien que l'effet produit soit moins riche –, mais leur comportement est plus prévisible. En revanche, ils se manient plus facilement.

Le vernis craqueleur utilisé sur ce buffet n'a été posé qu'aux endroits où le bois est susceptible de travailler. L'effet est très convaincant. (CI-DESSOUS)

VERNIS CRAQUELEURS À L'HUILE

Ils conviennent pour le bois, les tableaux sur toile et les planchers, mais sont inadaptés aux murs. Ils sont parfaits pour des bois décorés ou ornés de dessins au pochoir.

En général, les vernis craqueleurs sont vendus en sets de deux flacons comprenant un vernis à vieillir teinté en jaune et un vernis craqueleur. Le vernis a la consistance de la mélasse et doit être appliqué sur une couche uniforme avec une brosse à vernir à poils durs ; les brosses souples ne permettent pas d'étaler correctement le vernis et perdent leurs soies. Le temps de pose varie mais, en général, il faut attendre environ un heure avant d'appliquer la couche de vernis craqueleur. Si aucune craquelure n'est apparue dans les 45 minutes qui suivent l'opération, essayez d'utiliser un sèche-cheveux réglé sur air chaud. Évitez toutefois de le tenir trop près ou trop longtemps sur le même endroit : vous risquez de faire fondre le vernis ou de produire une sorte de toile d'araignée, certes intéressante pendant quelques minutes mais qui s'effacera sans laisser de traces.

Il arrive que les vernis craqueleurs n'agissent pas par temps trop humide ou trop froid. Si vous appliquez les deux vernis dans un endroit frais, ils peuvent mettre plusieurs heures à sécher. Si le vernis refuse de craqueler en dépit de vos efforts, essayez de le nettoyer à l'eau – sauf si le mode d'emploi indique un autre procédé – et recommencez l'opération. L'autre solution est d'attendre que ce vernis craqueleur soit sec, puis d'étaler une autre couche de ver-nis à vieillir suivie d'une deuxième couche de vernis craqueleur.

VERNIS CRAQUELEURS À L'EAU

Les vernis craqueleurs à l'eau fonctionnent selon les mêmes principes que ceux à l'huile, mais leur temps de séchage et de craquelage est beaucoup plus bref parce qu'ils agissent par évaporation. Leur inconvénient majeur est de produire des craquelures trop régulières pour être réalistes.

TEINTER LE VERNIS CRAQUELEUR

Les vernis craqueleurs, à l'huile comme à l'eau, sont incolores et les petites fissures qu'ils laissent captent la lumière, créant ainsi une certaine profondeur. Cet effet peut être accru en les teintant. Pour les craquelures réalisées sur un fond glycérophtalique, ajoutez une solution de couleurs à huile fine pour artistes (noir de fumée, ombre brûlée ou terre de Sienne) et de white-spirit dans une proportion de 1 volume pour 4 volumes. Étalez votre teinture avec un chiffon non pelucheux. Attendez quelques instants et polissez bien la surface avec un autre chiffon pour laisser un peu de teinture dans les craquelures.

Pour les craquelures obtenues avec un vernis à l'eau, vous procéderez selon la même méthode que précédemment, en utilisant une couleur à l'huile ou à l'eau.

Si vous choisissez la seconde solution, vous devrez étaler la teinture sur de petites surfaces. L'autre méthode consiste à teinter d'abord une première couche de craquelures, à répéter ensuite toute l'opération en utilisant une seconde couche de laque à vieillir et à craqueler, puis à les colorer.

En séchant, la plupart des vernis craqueleurs transparents donnent un fini brillant ou satiné. Vous rehausserez les craquelures et suggérerez la douceur d'une peinture ancienne en les recouvrant d'une autre couche de vernis mat ou semi-mat.

LAQUE À CRAQUELER OPAQUE

L'autre moyen d'imiter les peintures anciennes craquelées et écaillées sur les murs et les boiseries est d'employer une laque à craqueler, un produit opaque à base d'eau qui s'applique entre deux couches de peinture à l'eau. Cette laque agit par réaction chimique et fait craqueler la couche de peinture supérieure, provoquant ainsi des scarifications qui révèlent la couche inférieure, à la manière des crevés des pour points de la période élisabéthaine.

Vous pouvez produire cet effet de vieillissement en appliquant un vernis craqueleur glycérophtalique. Dès que la surface est sèche, rehaussez les craquelures à l'aide d'un gris à l'huile pour artistes et protégez avec un vernis à l'huile mat. (CI-CONTRE)

Ce procédé agit rapidement, comme pour toutes les couleurs acryliques.

Travaillez de la même manière qu'avec le vernis à vieillir. Pour réaliser des craquelures incolores, étalez la laque sur une couche d'apprêt déjà sèche, puis recouvrez-la immédiatement d'une couche de peinture qui rétrécira avant d'éclater et de révéler le fond. Cette méthode sert à fendiller la surface en un réseau de longues craquelures horizontales et verticales, comme si la peinture avait été entaillée au couteau.

Étant opaques, les laques à craqueler ne conviennent pas pour traiter une surface présentant des motifs peints : elles risqueraient de les recouvrir. En revanche, elles sont parfaites pour les portes et les murs. À plus petite échelle, les craquelures peuvent donner un aspect très sophistiqué à des objets ou à des panneaux de bois poncés.

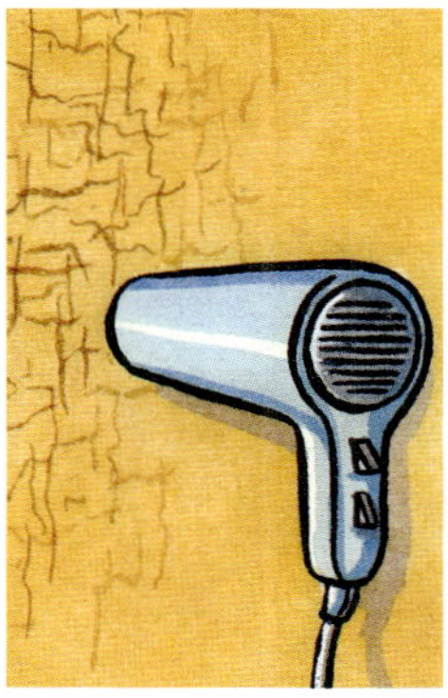

Appliquez une couche de vernis craqueleur sur une couche de vernis à vieillir en utilisant une brosse dure. (EN HAUT)

Si les fissures n'apparaissent pas au bout de 45 minutes, prenez un sèche-cheveux. (CI-DESSUS)

Vieillir les boiseries et les murs

VIEILLIR LE BOIS EN LE PEIGNANT

Pour créer un effet de bois ancien à partir d'un bois brut, appliquez directement une peinture à l'huile sur la surface, en n'utilisant ni apprêt ni première couche. La peinture pénétrera irrégulièrement dans les zones les plus absorbantes et restera superficielle à d'autres endroits, donnant ainsi au matériau un authentique aspect d'usure. Vous teinterez un bois neuf à l'aide d'une couleur chêne et vous le peindrez ensuite sans aucune autre préparation, en procédant de la même manière.

Écailler la peinture d'un bois, teinter un métal en vert de gris, ombrer des surfaces polies ou vernies, vieillir des murs en plâtre, voilà quelques manières de suggérer l'ancien. (CI-DESSOUS)

Avec un badigeon de jaune appliqué à coups de brosse irréguliers sur une couche de peinture verte, les murs seront plus vivants, laissant croire qu'ils ont été patinés par le temps. (À DROITE)

VIEILLIR LE BOIS EN DÉCAPANT LA PEINTURE

L'une des méthodes les plus simples pour donner à la peinture un fini suggérant l'usure est de la poncer par endroit au papier de verre. Pour obtenir un effet réaliste, traitez les endroits qui, par nature, sont les plus soumis à l'usure ; par exemple, les bords et le centre d'une table, les angles et les poignées d'un buffet ou celles de portes.

VIEILLISSEMENT DES MOTIFS AU POCHOIR ET DES DESSINS

Pour vieillir les motifs au pochoir et autres décors peints, poncez-les au papier de verre fin jusqu'à ce qu'ils semblent avoir été effacés par les années. Enroulez le papier de verre autour d'un boudin de chiffon ou d'un morceau de bois aux bords arrondis et frottez fermement.

BADIGEON À L'ANCIENNE SUR LES MURS

Pour vieillir les murs, réchauffez les couleurs existantes au lieu de les assombrir : un gris peut devenir chaleureux après un léger badigeon d'ombre brûlée, un bleu pâle s'anime avec une ombre nature. Si les murs sont verts, badigeonnez-les à l'ombre brûlée ou nature, en fonction de leur clarté. Les murs blanchis, blanc cassé, jaunes ou beiges auront avantage à être traités avec une fine couche d'ombre brûlée. Comme les murs des constructions anciennes tendent à s'incurver et à se bosseler, évitez les laques brillantes qui accentuent les irrégularités.

LAQUE À L'ANTIQUE SUR LES MURS

Les laques glycérophtaliques à l'antique fonctionnent très bien sur les murs : elles créent une patine difficilement réalisable avec un simple badigeon. Les teintes des laques à vieillir sont globalement les mêmes que celles des badigeons à l'ancienne (voir ci-dessus), mais n'oubliez pas que la plupart d'entre elles tendent à jaunir. Si la dominante de la couleur initiale est plutôt jaune, mieux vaut utiliser une laque tirant sur le gris pour éviter d'accentuer cet effet.

Les laques à l'acrylique sont idéales pour les murs irréguliers. Comme elles se répartissent de manière plus harmonieuse, les traces de séchage se remarqueront moins.

LES IMITATIONS

Le marbre

Il existe une incroyable diversité de marbres, dont les couleurs et les motifs en volutes - eux aussi incroyablement divers - ont inspiré toutes sortes d'effets décoratifs.

Les marbres conviennent pour les murs, sols, manteaux de cheminée, rebords de fenêtres et meubles imposants, ainsi que pour certains petits objets décoratifs. Il est généralement conseillé de l'éviter sur des objets qui n'existent pas en pierre. Que vous reproduisiez l'un des innombrables marbres existants ou que vous réalisiez le vôtre dans les teintes que vous aimez, n'oubliez pas que presque tous les marbres présentent des diagonales caractéristiques.

Ces deux panneaux de porte en imitation marbre se distinguent à peine de la pierre véritable. Le fini du panneau du bas rappelle une nébuleuse. Il a été réalisé en incorporant deux ou trois couleurs différentes au pinceau, tout en effectuant des mouvements en volutes. Prenez un pinceau fin pour dessiner le détail des veines noires et blanches, et travaillez sur une base mouchetée et déjà sèche. (À DROITE)

MATÉRIEL ET OUTILLAGE

Les faux marbres peuvent être réalisés aussi bien avec des peintures à l'huile qu'à l'eau, et même en mélangeant les deux. Toutefois, les huiles conviennent en général mieux sur des grandes surfaces. Si vous optez pour cette solution, vous aurez besoin d'un apprêt glycérophtalique, d'une peinture satinée ou d'une sous-couche, d'un glacis transparent, de couleurs à l'huile fine pour artistes, d'une petite éponge naturelle, de brosses souples de 50 à 75 mm, de pinceaux fins, de plusieurs godets à peinture, de chiffons propres, de journaux, d'un seau assez profond et de white-spirit.

MARBRE DE SIENNE

Commencez par étaler un apprêt glycérophtalique, puis couvrez-le d'une couche d'huile transparente teintée en jaune. Mélangez un peu de pigment ocre avec un glacis transparent et répartissez-le sur votre fond au chiffon ou à la brosse, en formant des volutes ici et là. Prenez une brosse de 50 mm, une peinture terre de Sienne pure et ébauchez les veines diagonales. Dès que vous aurez tracé les veines, estompez-les au siccatif appliqué avec un nouveau pinceau sur la couleur encore humide, avec des mouvements tournants. Ébouriffez le glacis en vous aidant de feuilles de journaux froissées, puis harmonisez l'effet obtenu avec une large brosse sèche pour suggérer des volutes et des mouchetures. Prenez un pinceau fin pour artistes et ajoutez quelques veines avec de l'ombre brûlée, en les estompant doucement. Terminez en appliquant une ou deux couches de vernis brillant ou satiné pour obtenir un beau luisant.

Les autres techniques d'imitation du marbre

AVEC DE LA PEINTURE À L'EAU

Le marbre peut également être imité avec des peintures à l'eau mais, à moins que vous ne soyez très expérimenté, le résultat manque souvent de profondeur et tend à présenter cet aspect plat et poudreux qu'ont les papiers peints marbrés.

La méthode la plus efficace pour suggérer la profondeur est de commencer par étaler un badigeon clair sur une base légèrement plus sombre. Ensuite, traitez-le avec un chiffon ou un tampon enveloppé dans un chiffon (voir pages 90-91). Terminez en peignant les veines et fixez le résultat avec un vernis incolore satiné.

ESTOMPAGE AU PAPIER

Cette technique, qui ressemble beaucoup à celle de l'essuyage au chiffon, s'emploie pour les peintures à l'huile comme à l'eau et permet souvent d'obtenir des effets marbrés. Commencez par appliquer un fond de blanc gélatineux ou un apprêt en guise de fond, et laissez sécher. Couvrez d'une laque contrastée et teintée avec des couleurs pour artistes ou des colorants acryliques. Prenez une feuille de papier fin, froissez-la et pressez-la sur la laque encore humide. Cette opération permet de rehausser l'effet et d'absorber la laque à certains endroits, en laissant un réseau de veines fines et irrégulières. En appliquant le papier froissé sur la surface et en passant une brosse dure par endroits, tout en faisant glisser le papier, vous obtiendrez des fondus de couleurs avec certaines zones à nu. Le résultat final donnera une impression de profondeur et de mouvement.

Pour réaliser un faux marbre de Sienne, étalez un glacis teinté à l'ocre sur une base jaune pâle. Laissez sécher. Peignez les veines diagonales en Sienne pure et estompez-les. Brouillez-les avec un vernis satiné. (CI-CONTRE)

DISPERSION DE COULEURS

Cette méthode consiste à étaler des couleurs diluées dans le white-spirit sur un support humide. Posez d'abord un fond et laissez-le sécher. Couvrez cette couleur de base d'un glacis fait d'un mélange d'huile de lin bouillie et de white-spirit dans la proportion de 1 volume pour 6 volumes ; appliquez ensuite une solution très liquide de la couleur dominante. Ajoutez deux ou trois autres couleurs, toutes diluées dans les mêmes proportions, et tamponnez-les sur la peinture humide à l'aide d'une petite brosse. Les couleurs doivent se fondre rapidement les unes dans les autres. Si la surface est trop humide, essuyez-la avec du coton préalablement trempé dans du white-spirit et essoré. Inversement, si vos couleurs sont trop épaisses, imbibez une boule de coton de white-spirit et tapotez les endroits à traiter. Dès que l'ensemble sera sec, dessinez les veines en utilisant la

Commencez par appliquer un glacis ocre sur la base en vous aidant d'un chiffon, pour créer des mouchetures. (EN HAUT)

Peignez ensuite les veines avec un pinceau fin. Appliquez simultanément un vernis satiné. (CI-DESSUS)

même méthode que celle employée pour le marbre de Sienne.

Les sols marbrés

Les peintures spéciales pour sols, les couleurs à l'huile fine pour artistes et les peintures murales conviennent très bien aux sols. Toutefois, les deux dernières devront être protégées par cinq couches de vernis. Rien n'empêche de marbrer un sol, à condition que celui-ci présente des surfaces planes.

IMITATION MARBRE AVEC DES HUILES FINES ET DES PEINTURES MURALES

Vous emploierez la même méthode que pour toutes les autres surfaces peintes, en prenant les couleurs de votre choix – peintures murales ou huiles fines pour artistes –, à condition que votre sol soit bien plan et que tous les interstices aient été préalablement bouchés. Compte tenu de l'usure que doivent supporter les sols, vous devrez couvrir votre faux marbre de deux à trois couches de vernis brillant et terminer par deux couches de vernis mat. Cette protection lui donnera de la profondeur et un aspect luisant, tout en protégeant la surface. Les motifs en damiers où alternent les marbres sombres et clairs fonctionnent particulièrement bien sur les sols. Si vous voulez créer une illusion de dallage, utilisez le système de la grille en peignant successivement vos dalles. Attendez que les premières soient sèches, isolez les bords des surfaces déjà peintes avec une bande adhésive et traitez les dalles restantes.

FAUX MARBRE À LA PEINTURE POUR SOLS

La gamme des couleurs pour sols est certes limitée, mais les mélanges sont possibles. Commencez par appliquer le fond en suivant strictement les indications, puis dessinez les veines en utilisant un mélange de peinture et de white-spirit dans la proportion de 3/3 pour 1/3.

Le trompe-l'œil combiné aux marbrures est du plus bel effet. La bande verticale de lambris en losanges a été réalisée selon la technique de tracé des lignes et suggère les ombres et les lumières ; le mur en faux marbre rouge a été peint en posant un badigeon de laque rouge foncé sur un rouge plus clair, puis en les mélangeant vigoureusement à grands coups de brosses circulaires.
(À DROITE)

Marbres et pierres classiques

Noir des Ardennes : marbre noir à veines dorées souvent utilisé pour les pendules ou cheminées.

Breccia : ravissant marbre italien de couleur nuage, moucheté de gris, blanc ou pourpré, parfois tacheté de brun et de jaune.

Brocatello : marbre espagnol ressemblant à un brocard rouge et jaune. En raison de la délicatesse de ses motifs, ce marbre est du plus bel effet sur les petits objets.

Carrare : marbre blanc classique, d'un blanc perle pur ou parcouru de douces veines grises.

Lapis lazuli : cette pierre somptueuse qui, à l'origine, servait à extraire le pigment bleu outremer, a le bleu profond des nuits d'été, parsemé de petites taches dorées dues à la pyrite de fer.

Malachite : splendide marbre vert émeraude originaire de Russie et tacheté de cuivre naturel. Il est surtout utilisé pour réaliser de petits objets (manches de couteaux).

Porphyre : pierre vert grisâtre ou pourpre, avec de minuscules taches blanches. Sa texture et sa profondeur en font un matériau de premier choix pour les manteaux de cheminée, les murs, plinthes, sols, tables et tous les objets.

Rouge royal ou marbre des Pyrénées : séduisant marbre rose aux veines rose pâle ou blanches.

Marbre de Sienne : d'un beau jaune d'or aux veines brunes et ambrées, il produit beaucoup d'effet.

Vert de Thessalonique : marbre vert épinard tacheté de blanc et de noir, originaire de Thessalonique, en Grèce. C'est une pierre très élégante.

Les imitations bois

Une imitation bois sombre évoque le noyer ou l'acajou et se marie parfaitement avec le faux marbre blanc du plateau de table. Même s'il ne s'agit pas de la réplique exacte d'un original, ce résultat produit un effet subtil et discret. (CI-DESSOUS)

Tout comme pour le faux marbre, il est parfois impossible de distinguer une imitation réalisée avec habileté d'un bois véritable.

Ceci paraîtra sans doute étrange, mais beaucoup d'imitations sont peintes sur du vrai bois. La raison en est que de nos jours, bon nombre de portes, panneaux ou plinthes ne sont pas destinés à rester nus et sont fabriqués en combinant plusieurs essences de textures différentes et dont les teintes ne présentent guère d'intérêt. Or, l'imitation permet d'harmoniser les motifs.

Vous pourrez utiliser des peintures à l'eau ou à l'huile, ou bien les allier. Toutefois, certaines teintures naturelles, comme le vinaigre, conviennent également très bien. Avant de vous lancer dans une imitation bois, il vous faudra décider de l'effet désiré et choisir entre la copie d'un bois spécifique – l'acajou, l'érable marbré, le chêne... – et un simple effet de bois.

MATÉRIEL ET OUTILLAGE

Les professionnels utilisent toute une batterie de pinceaux spéciaux, mais vous vous débrouillerez très bien sans la plupart d'entre eux. Toutefois, si vous voulez obtenir des résultats plus raffinés, cela vaudra la peine d'investir dans certaine brosses. Pour réaliser la texture des veines, vous prendrez une « queue de morue » que vous frapperez sur la surface, un « pinceau à moucheter » pour reproduire les taches et un pinceau fin afin de dessiner les ondulations des veines. Pour finir, vous prendrez une brosse multiusages, une sorte de blaireau pour estomper le tracé des lignes.

Vous obtiendrez un peigne à veiner en dentelant un morceau de plastique, de lino, ou même une carte postale. Par ailleurs, un bouchon où vous aurez taillé des encoches fera parfaitement l'affaire pour dessiner les nœuds. Vous compléterez votre équipement avec une brosse médium pour décorateur, une brosse à encoller, des pinceaux plats, une bonne gomme, des tampons en coton, une éponge et des chiffons propres.

Le veinage à l'huile ou à l'eau

PIN DORÉ

Appliquez une base de blanc cassé semi-mat et poncez avec un papier de verre très fin. Préparez un glacis à l'eau brun clair en mélangeant des gouaches ombre nature et Sienne, que vous allongerez avec un peu d'eau pour obtenir un effet de transparence. Appliquez-le avec une large brosse plate pour suggérer la texture du pin et ses fines ondulations parallèles. Estompez au blaireau et laissez sécher.

Diluez un peu d'huiles fines ombre nature et Sienne brûlée dans du white-spirit et ajoutez-les à un glacis à l'huile. Prenez un pinceau fin et dessinez les nœuds en forme d'ovales allongés vers le bas. Estompez avec un petit blaireau et laissez sécher. Tracez ensuite les veines, soit avec un pinceau à calligraphier, soit avec un pinceau fin, en utilisant le glacis précédent. Les veines doivent onduler doucement autour des nœuds, comme l'eau autour d'un galet. Entourez-les d'une série de structures ovales effilées se terminant par un ligne dans la partie inférieure. Fabriquez un autre glacis d'ombre nature et de Sienne, mais plus soutenu, et rectifiez les nœuds au pinceau fin, le bord extérieur de chacun d'eux devant être plus foncé que l'intérieur. Laissez sécher 24 heures.

Assombrissez le glacis le plus clair avec un peu de pigment au noir de fumée dilué dans du white-spirit. Prenez un pinceau de décorateur de 25 à 50 mm et appliquez irrégulièrement ce glacis sur toute la surface en formant un léger veinage. Effacez à la gomme certaines zones le long des veines principales et estompez au blaireau. Attendez que votre travail soit bien sec avant de le fixer avec un vernis transparent, mat ou satiné.

Le veinage à l'huile

Cette technique est sans doute la plus diversifiée de toutes et convient surtout pour les grandes surfaces. Utilisez des glacis à l'huile ou des laques que vous teinterez avec des couleurs à l'huile fine pour artistes et que vous appliquerez sur une base semi-mate. Vous pourrez également remplacer l'apprêt par une base glycérophtalique. Toutefois, comme la laque doit pouvoir s'étaler facilement, il vous faudra d'abord appliquer une couche de gomme-laque ou de vernis satiné avant de réaliser le veinage.

Pour reproduire la veine d'un pin doré brut, appliquez un glacis à l'eau brun clair sur une base blanc cassé. Attendez que ce fond soit sec et dessinez les nœuds en prenant un glacis glycérophtalique brun foncé. Laissez de nouveau sécher avant d'ajouter les veines du bois. (CI-CONTRE)

Dessinez les nœuds avant de réaliser le veinage. Ils doivent être légèrement plus soutenus vers l'extérieur qu'au cœur. (CI-DESSOUS)

Dessinez le détail des veines avec un pinceau fin. (EN BAS)

FRÊNE EUROPÉEN

Appliquez une base semi-mate beige ou crème et laissez sécher 24 heures. Étalez ensuite un fin badigeon de glacis transparent à l'huile en vous aidant d'un chiffon non pelucheux. Teintez un peu de laque avec un mélange d'huiles fines ombre nature, Sienne et une pointe de noir de fumée que vous aurez préalablement diluées dans du white-spirit. Prenez une petite brosse plate (une petite balayette sera idéale) et tracez les veines à la laque. Celles-ci doivent s'étirer vers le bas en formant de légères courbes, avec de petites ondulations à intervalles de plusieurs centimètres. Estompez les limites internes des veines avec un petit blaireau. Laissez sécher 24 heures.

De nombreuses imitations bois et marbres sont plus symboliques que réalistes : cet effet de veinage très stylisé s'affiche délibérément comme artificiel. (À DROITE)

Préparez ensuite une laque transparente plus soutenue que la précédente en utilisant les mêmes teintes. Prenez une brosse de décorateur de 25 mm et étalez la laque uniformément en respectant les variations de nuances. Essuyez la laque à certains endroits avec la gomme ou un chiffon sec pour suggérer des diagonales d'environ 75 à 100 mm, bien espacées les unes des autres et s'inclinant en formant différents angles.

Estompez enfin les bords internes des veines avec un tampon de coton tant que la laque est encore humide. Pour finir, prenez une queue de morue sèche et donnez quelques coups en surface afin d'évoquer les fibres caractéristiques du bois. Laissez sécher 24 heures et fixez avec deux couches de vernis incolore satiné ou semi-mat.

ACAJOU

Appliquez une base semi-mate de couleur saumon orangé et laissez sécher 24 heures. Préparez plusieurs nuances de laques transparentes à l'huile en les teintant avec de l'ombre brûlée et du noir de fumée que vous aurez dilués dans du white-spirit.

Prenez une brosse de décorateur de 25 mm et commencez à étaler la laque de teinte médium d'un côté en la balayant vers le haut et en formant des arcs de cercle. Répétez la même opération de l'autre côté de manière à ce que les arcs se rejoignent en haut. Laissez la teinte de base transparaître dans la partie supérieure. Prenez maintenant la laque la plus soutenue et accentuez certaines veines en floquant au centre de manière à ce que la couleur soit plus sombre le long de la veine centrale. Prenez une brosse à encoller et faites-la glisser en descendant, tout en respectant la structures des fibres pour retrouver la veine centrale. Harmonisez le tout au blaireau.

Si vous souhaitez que votre veinage présente des sinuosités, donnez une série de grands coups de brosse de décorateur sur la couche de fond en formant des arcs en diagonale sur toute pour suggérer la texture du pin et ses fines ondulations parallèles. Estompez au blaireau et laissez sécher.

Diluez un peu d'huiles fines ombre nature et Sienne brûlée dans du white-spirit et ajoutez-les à un glacis à l'huile. Prenez un pinceau fin et dessinez les nœuds en forme d'ovales allongés vers le bas. Estompez avec un petit blaireau et laissez sécher. Tracez ensuite les veines, soit avec un pinceau à calligraphier, soit avec un pinceau fin, en utilisant le glacis précédent. Les veines doivent onduler doucement autour des nœuds, comme l'eau autour d'un galet. Entourez-les d'une série de structures ovales effilées se terminant par un ligne dans la partie inférieure. Fabriquez un autre glacis d'ombre nature et de Sienne, mais plus soutenu, et rectifiez les nœuds au pinceau fin, le bord extérieur de chacun d'eux devant être plus foncé que l'intérieur. Laissez sécher 24 heures.

Assombrissez le glacis le plus clair avec un peu de pigment au noir de fumée dilué dans du white-spirit. Prenez un pinceau de décorateur de 25 à 50 mm et appliquez irrégulièrement ce glacis sur toute la surface en formant un léger veinage. Effacez à la gomme certaines zones le long des veines principales et estompez au blaireau. Attendez que votre travail soit bien sec avant de le fixer avec un vernis transparent, mat ou satiné.

Le veinage à l'huile

Cette technique est sans doute la plus diversifiée de toutes et convient surtout pour les grandes surfaces. Utilisez des glacis à l'huile ou des laques que vous teinterez avec des couleurs à l'huile fine pour artistes et que vous appliquerez sur une base semi-mate. Vous pourrez également remplacer l'apprêt par une base glycérophtalique. Toutefois, comme la laque doit pouvoir s'étaler facilement, il vous faudra d'abord appliquer une couche de gomme-laque ou de vernis satiné avant de réaliser le veinage.

Pour reproduire la veine d'un pin doré brut, appliquez un glacis à l'eau brun clair sur une base blanc cassé. Attendez que ce fond soit sec et dessinez les nœuds en prenant un glacis glycérophtalique brun foncé. Laissez de nouveau sécher avant d'ajouter les veines du bois. (CI-CONTRE)

Dessinez les nœuds avant de réaliser le veinage. Ils doivent être légèrement plus soutenus vers l'extérieur qu'au cœur. (CI-DESSOUS)

Dessinez le détail des veines avec un pinceau fin. (EN BAS)

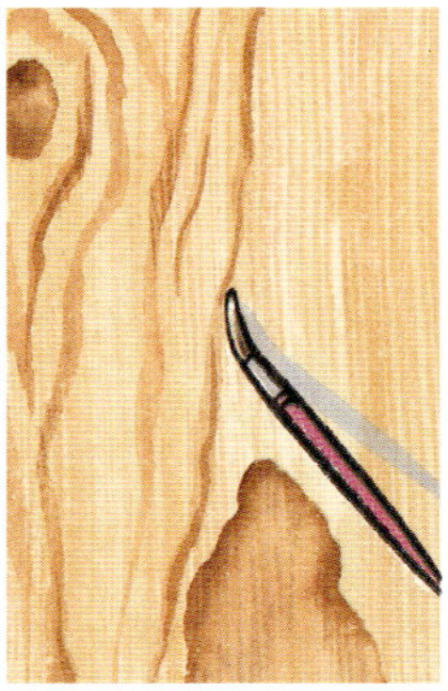

FRÊNE EUROPÉEN

Appliquez une base semi-mate beige ou crème et laissez sécher 24 heures. Étalez ensuite un fin badigeon de glacis transparent à l'huile en vous aidant d'un chiffon non pelucheux. Teintez un peu de laque avec un mélange d'huiles fines ombre nature, Sienne et une pointe de noir de fumée que vous aurez préalablement diluées dans du white-spirit. Prenez une petite brosse plate (une petite balayette sera idéale) et tracez les veines à la laque. Celles-ci doivent s'étirer vers le bas en formant de légères courbes, avec de petites ondulations à intervalles de plusieurs centimètres. Estompez les limites internes des veines avec un petit blaireau. Laissez sécher 24 heures.

De nombreuses imitations bois et marbres sont plus symboliques que réalistes : cet effet de veinage très stylisé s'affiche délibérément comme artificiel.
(À DROITE)

Préparez ensuite une laque transparente plus soutenue que la précédente en utilisant les mêmes teintes. Prenez une brosse de décorateur de 25 mm et étalez la laque uniformément en respectant les variations de nuances. Essuyez la laque à certains endroits avec la gomme ou un chiffon sec pour suggérer des diagonales d'environ 75 à 100 mm, bien espacées les unes des autres et s'inclinant en formant différents angles.

Estompez enfin les bords internes des veines avec un tampon de coton tant que la laque est encore humide. Pour finir, prenez une queue de morue sèche et donnez quelques coups en surface afin d'évoquer les fibres caractéristiques du bois. Laissez sécher 24 heures et fixez avec deux couches de vernis incolore satiné ou semi-mat.

ACAJOU

Appliquez une base semi-mate de couleur saumon orangé et laissez sécher 24 heures. Préparez plusieurs nuances de laques transparentes à l'huile en les teintant avec de l'ombre brûlée et du noir de fumée que vous aurez dilués dans du white-spirit.

Prenez une brosse de décorateur de 25 mm et commencez à étaler la laque de teinte médium d'un côté en la balayant vers le haut et en formant des arcs de cercle. Répétez la même opération de l'autre côté de manière à ce que les arcs se rejoignent en haut. Laissez la teinte de base transparaître dans la partie supérieure. Prenez maintenant la laque la plus soutenue et accentuez certaines veines en floquant au centre de manière à ce que la couleur soit plus sombre le long de la veine centrale. Prenez une brosse à encoller et faites-la glisser en descendant, tout en respectant la structures des fibres pour retrouver la veine centrale. Harmonisez le tout au blaireau.

Si vous souhaitez que votre veinage présente des sinuosités, donnez une série de grands coups de brosse de décorateur sur la couche de fond en formant des arcs en diagonale sur toute

la surface que vous voulez décorer. Servez-vous ensuite de la brosse à encoller et traitez votre texture en frottant fermement. Pour finir, adoucissez au blaireau en laissant davantage de contraste à certains endroits.

Si vous réalisez un veinage vertical, par exemple sur l'encadrement d'une porte, la méthode sera la même, mais vous utiliserez votre brosse de décorateur en effectuant des mouvements ondulants à la verticale avant d'harmoniser l'ensemble par une série de diagonales dirigées vers le bas.

ÉBÈNE

Ce bois dur de couleur noire est souvent utilisé comme châssis pour tenir les panneaux d'un buffet. Commencez par appliquer, soit un fond de gesso (voir préparation page 201), soit une ou deux couches d'apprêt acrylique. Dès que votre sous-couche est sèche, poncez-la au papier de verre fin. Mélangez des acryliques ombre brûlée et noir de fumée à part égale et répartissez uniformément votre peinture sur toute la surface avec une brosse douce. Dès que la peinture est sèche, terminez par deux couches de vernis acrylique satiné.

PEIGNES ET TAMPONS

Vous pourrez imiter les douces ondulations des bois tendres, comme le pin, en passant un peigne dans un glacis encore humide. Étalez librement une couche de glacis ou de laque sur votre fond, puis faites glisser un peigne étroit ou large, nu ou enveloppé dans une chiffon propre, pour gratter la laque en formant des lignes parallèles présentant des ondulations. Cet effet peut être adouci en passant une brosse sèche qui croisera les lignes en diagonales. Achevez ensuite les veines au pinceau à gouache ou au pinceau à tracer en traitant certains endroits que vous aurez d'abord essuyé avec un chiffon propre. Les tampons fonctionnant selon le même principe que les tampons encreurs sont très utiles.

Les écailles de tortue

Cet exubérant motif en écaille de tortue qui orne une baignoire et la porte de la salle de bains a été réalisé avec une laque glycérophtalique. Le dessin, parfaitement exécuté, présente un mouchetage fin et régulier.
(CI-DESSOUS)

Autrefois, en Extrême-Orient, on utilisait l'écaille de tortue véritable ou imitée pour décorer, soit des panneaux raffinés - en l'incrustant dans de l'ivoire ou de l'ébène -, soit des coffrets laqués ou d'autres objets précieux. L'écaille de tortue a commencé à être recherchée en Europe au cours du XVIIe siècle et les décorateurs ne tardèrent pas à imiter son dessin pour orner des meubles, des cornières et des plafonds où elle figurait sous forme de médaillons.

La teinte naturelle de l'écaille de tortue va du miel doré au rouge feu, en passant par de belles nuances fauves tirant sur le brun roux.

OÙ UTILISER L'ÉCAILLE DE TORTUE ?

La beauté de l'écaille de tortue est indéniable, mais elle peut devenir étouffante utilisée sur de grandes surfaces. Si vous désirez vous en servir pour décorer un mur, mieux vaut le diviser en panneaux d'une largeur inférieure à 90 cm. Réalisez vos panneaux séparément pour que chacun d'eux possède sa propre identité. Esquissez d'abord les motifs à la craie ou au crayon, puis fixez une bande adhésive autour des zones à traiter. Terminez les panneaux d'écaille en peignant les espaces intermédiaires après avoir masqué le tour et circonscrit la surface décorée.

Les écailles de tortue à la peinture à l'huile

ÉCAILLES DE TORTUE DORÉES

Commencez par appliquer une fine base de peinture glycérophtalique satinée jaune sable ou crème. Comme les écailles de tortues possèdent une structure rayonnante, les bandes de couleur semblent diverger. Pour reproduire cet effet, appliquez un vernis de couleur chêne sombre ou clair en vous servant d'une brosse plate à soies dures et peignez des diagonales dirigées vers le bas, en partant d'un angle supérieur. Un léger vernis chêne non dilué aura davantage de fluidité si vous travaillez sur un mur. Si votre support est en bois, prenez un vernis chêne clair ou foncé. Effilochez le vernis avant qu'il ne prenne en faisant des zigzags de largeur variable.

Prenez une boule de coton ou un chiffon imbibé de white-spirit et estompez les bords des structures vernies. Diluez une huile fine ombre nature avec du white-spirit en proportion égale. Prenez une brosse pour artistes d'environ 12 mm de largeur et balayez la surface en faisant des zigzags. Préparez un peu d'ombre brûlée comme décrit précédemment et étalez-la au milieu des zones peintes en ombre nature. Estompez ensuite en passant délicatement une brosse sèche sur toute la surface pour que les limites des dessins se fondent dans le vernis. Procédez tantôt dans la même direction que les motifs sombres, tantôt en formant un angle droit. Continuez l'opération jusqu'à ce que vous soyez satisfait du résultat. Si vous travaillez sur un plan horizontal, vous pourrez enrichir la texture de l'écaille en projetant quelques gouttes de white-spirit ou de solvant méthylène à l'aide d'une pipette (voir mouchetures).

Les écailles de tortue à la peinture à l'eau

ÉCAILLES DE TORTUE BRUN ROUX

Bien que, traditionnellement, on utilise plutôt la technique des laques, les écailles de tortues peuvent aussi être réalisées à la peinture à l'eau. Toutefois, mieux vaut pratiquer cette technique sur une petite surface. Sur un fond de gesso (voir préparation page 201), étalez une légère couche de *terracotta* composée de deux mesures de rouge clair, de deux mesures d'ombre brûlée, d'une mesure de blanc de titane et d'une mesure d'ocre jaune (ou oxyde jaune) que vous aurez émulsionnées avec un médium acrylique. Préparez un glacis acrylique en mélangeant une mesure de rouge clair avec une mesure d'ombre brûlée, et couvrez uniformément votre couche de *terracotta* en ajoutant simultanément un peu de noir d'ivoire que vous tamponnerez dans votre laque pour suggérer les taches. Passez ensuite une brosse sèche en croisant vos mouvements pour que le noir d'ivoire se fonde avec la laque. Laissez sécher. Vous pourrez compléter, si vous le voulez, en ajoutant une seconde couche de laque acrylique contenant un peu de jaune cadmium.

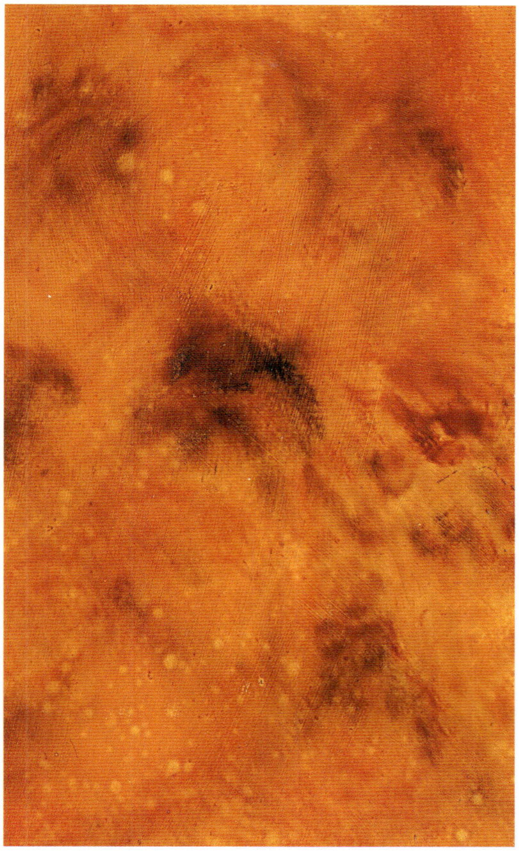

Pour réaliser un effet écaille de tortue tout simple, étalez un vernis à l'huile teinté en Sienne brûlée sur une couche de jaune sable. Ajoutez des taches de peinture à l'huile ombre brûlée et noire sur le vernis encore humide, puis mélangez en passant des coups de brosse sèche en diagonale et en zigzag. (CI-CONTRE)

Commencez par tamponner des taches de peinture noire et ombre brûlée sur une laque Sienne brûlée encore humide. (EN HAUT)

Estompez ensuite les taches à la brosse large. (CI-DESSUS)

FINITION

Vous pouvez élargir cet éventail de suggestions par d'autres combinaisons de couleurs et d'autres médiums. Les surfaces peintes à l'huile n'ont pas besoin d'être vernies, sauf si vous désirez un fini particulièrement brillant. Quant aux peintures à l'eau, elles devront être protégées. Ne fixez jamais un motif écailles de tortue au vernis mat : il ternirait la couleur et lui ferait perdre sa profondeur et sa luminosité. Un vernis satiné luisant conviendra mieux.

Pour obtenir un résultat plus réaliste et plus raffiné, appliquez une couche de vernis polyuréthanne semi-brillant et poncez-le avec un papier de verre très fin, humidifié dans une légère solution de paillettes de savon. Mélangez ensuite de la poudre de calcaire (en vente dans les magasins d'articles pour artistes peintres) avec un peu d'huile de lin bouillie pour obtenir une pâte et polissez-en la surface.

Le trompe-l'œil

Plus qu'un artisanat, le trompe-l'œil est un art qui crée l'illusion d'une forme tridimentionnelle sur une surface plane. Bien que les effets les plus raffinés requièrent une dextérité extrême, un amateur doué d'imagination pourra obtenir des résultats surprenants.

Vous pourrez placer un trompe-l'œil n'importe où, à condition que le dessin ne soit pas interrompu par la structure du support destiné à être peint. De plus, vous devrez réfléchir à l'apport de lumière naturelle : les endroits peu éclairés par la lumière du jour sont les mieux adaptés. En revanche, si vous avez une lumière directe, peignez votre trompe-l'œil comme s'il était éclairé légèrement en biais. Si vous réalisez une alcôve en trompe-l'œil avec des étagères, peignez la partie arrière de votre alcôve d'une couleur légèrement plus sombre que les autres murs, et les deux parois intérieures virtuelles plus foncées de deux tons, alors que la tranche des étagères sera très claire.

Il est également important de réfléchir à l'éclairage artificiel de votre trompe-l'œil. Si vous représentez un endroit inondé de lumière qui se trouvera dans l'ombre dès que vos éclairages seront éteints, ou l'inverse, vous manquerez votre effet d'illusion. Essayez d'éclairer l'endroit de sorte que la lumière tombe régulièrement sur toute la surface ou orientez-la de manière à rehausser l'effet.

Pour connaître les principes de bases du trompe-l'œil, consultez le projet de salon en trompe-l'œil des pages 142 à 145.

Un trompe-l'œil très sophistiqué qui joue sur plusieurs registres entre l'art et la réalité. Le drapé rayé semble tridimensionnel bien qu'il soit utilisé pour encadrer une image stylisée et délibérément plate. Les effets de marbre sur un sol en parquet font intervenir une autre astuce visuelle.

(À GAUCHE)

PEINTURE

Vous devrez préparer la surface en fonction du type de peinture que vous utiliserez. Les peintures de décoration conviennent pour le fond, mais le trompe-l'œil devra être exécuté avec des huiles pour artistes.

FINITION

Les trompe-l'œil devront toujours être protégés par une couche de vernis mat, de préférence acrylique plutôt qu'à l'huile. Un fini brillant anéantirait immédiatement l'effet car il capterait la lumière là où l'on s'attendrait à trouver une zone d'ombre.

Un trompe-l'œil dans les nuances et le style des peintures murales romaines. Les déformations originelles des plâtres ont été incluses dans le dessin, rendant plus convaincante la transformation des lambris en maçonnerie.

(CI-DESSOUS)

LES MÉTHODES DÉCRITES DANS LE CHAPITRE SUR LES TECHNIQUES ONT ÉTÉ APPLIQUÉES DANS PLUSIEURS PIÈCES OÙ DAVID CARTER A LAISSÉ LIBRE COURS À SON IMAGINATION ET À SON ESPRIT NOVATEUR.

Projets

DAVID CARTER A CONÇU une série de projets dans lesquels interviennent bon nombre des techniques de peinture décorative décrites dans cet ouvrage. Son art de traiter les espaces, à la fois brillant et théâtral, se fonde sur des combinaisons et des effets de couleurs tels que les badigeons et les pochoirs, les effets de vieillissement avec utilisation de vernis craqueleurs et d'imitations, comme le faux bois et le trompe-l'œil. La plupart de ces projets, qui vont d'une salle de bains d'inspiration Klimt à un mur en fausse fourrure, s'intègrent dans un concept d'ensemble, mais chaque élément peut être repris isolément et associé à d'autres, ou même utilisé conjointement avec vos propres idées pour créer un décor à la fois étonnant et unique. Les pages qui suivent offrent des conseils précis, accompagnés de photographies et d'illustrations explicatives sur les particularités de chaque technique de peinture. Les résultats, étonnants et somptueux, parlent d'eux-mêmes.

Les silhouettes énigmatiques peintes sur les murs de cet élégant salon français suggèrent une atmosphère d'intrigue et de mystère. Pour réaliser vous-même cet effet, consultez les pages 152-153.

UNE TÊTE DE LIT CRAQUELÉE

La douce séduction vieillotte de cette tête de lit, réalisée en craquelant une laque, convient parfaitement à l'ambiance calme de cette chambre. Une épaisse couche de vernis craqueleur à base d'eau a été appliquée entre deux couches d'émulsion. Ce vernis a fendillé la surface, laissant entrevoir à certains endroits le blanc cassé du fond, ce qui donne l'effet caractéristique d'une ancienne peinture.

Une surface de bois comme celle-ci est une base idéale pour toutes les techniques de vieillissement et d'imitation de l'usure, et surtout pour l'emploi des laques et vernis craqueleurs, mais toute autre surface correctement préparée peut également être traitée de la sorte (voir pages 194-198). Ici, le haut de la tête de lit, décoré de craquelures, encadre un motif au pochoir délicat et raffiné représentant les « ailes du désir ».

Matériel
- Brosse carrée
- Émulsion vinylique mate blanc cassé et vert tilleul
- Godets à peinture pour mélanger les couleurs
- Petite brosse de décorateur à soies souples
- Vernis craqueleur acrylique
- Sèche-cheveux
- Acrylique pour artistes, ombre nature
- Glacis acrylique
- Éponge naturelle
- Vernis acrylique satiné

Réalisation

Avant d'appliquer la peinture, assurez-vous que la surface est bien sèche et parfaitement propre. Étalez une bonne couche de base constituée d'une émulsion blanc cassé, et laissez sécher de 2 à 4 heures. Préparez l'émulsion verte destinée à la couche finale et allongez-la avec un peu d'eau pour obtenir une consistance crémeuse et fluide.

1. Dès que la première couche de vert est sèche, appliquez une couche de vernis craqueleur acrylique à la brosse de décorateur. Calculez l'épaisseur du glacis que vous voulez obtenir : plus le vernis sera épais, plus les craquelures seront importantes. En alternant la direction de vos coups de brosse, vous obtiendrez une meilleure répartition des craquelures, tandis que le résultat sera uniforme si vous ne travaillez que dans une seule direction.

3. Prenez une brosse de décorateur très propre et appliquez une couche d'émulsion verte diluée. Comme pour la laque, contrôlez le sens des craquelures en alternant la direction des coups de pinceau. L'eau contenue dans la peinture agira immédiatement sur la laque sèche et la peinture se fendra et rétrécira pour former les craquelures. Si vous le désirez, utilisez le sèche-cheveux pour accélérer le processus. Laissez agir une nuit.

4. Dès que votre peinture est sèche, mélangez l'acrylique ombre nature pour artistes avec un peu de glacis et d'eau. Pour vieillir vos craquelures, étalez ce badigeon sur votre peinture en vous servant de préférence d'une éponge naturelle (voir page 86). Laissez sécher 1 à 2 heures. Pour fixer et protéger la tête de lit, appliquez d'abord une première couche de vernis satiné à l'acrylique, laissez sécher 2 heures, puis passez la seconde couche.

2. Laissez sécher la laque 2 heures. Chauffez doucement la surface au sèche-cheveux réglé à chaleur douce pour faire évaporer le reste d'humidité. Tenez le sèche-cheveux à 30 cm en le déplaçant continuellement pour éviter de surchauffer l'endroit que vous traitez. Si vous voulez accélérer le processus, chauffez votre peinture dès que vous aurez fini de l'appliquer, mais le résultat que vous obtiendrez ne sera pas aussi satisfaisant.

UNE SALLE DE BAINS KLIMT

Les murs de cette salle de bains, simple et inondée de soleil, ont été rajeunis en ajoutant des spirales fluides évoquant les branchages des tableaux du peintre Gustav Klimt. La laque utilisée pour ce fond de couleur neutre rappelle les vieux plâtres ; les motifs et bordures ont été réalisés en vieil orange recouvert d'un léger badigeon de glacis acrylique teinté à l'or jaune. Le faux tapis de bains a été peint sur une base terracotta qui s'harmonise avec les murs.

Matériel
- Brosse carrée
- Émulsion vinylique blanche et rose chair
- Glacis acrylique ombre brûlée, Sienne brûlée et Sienne nature à base de Couleurs fines pour artistes
- Seaux pour mélanger les couleurs
- Brosse large de décorateur à soies souples ou brosse à vernis
- Gros blaireau ou brosse à badigeon
- Papier calque
- Crayon
- Carton dur
- Matériel à découper les pochoirs (voir page 98)
- Bande adhésive pour masquer
- Émulsion vinylique orange
- Deux pinceaux plats à tableaux de 2,5 cm
- Pigments or jaune ou peinture acrylique dorée
- Chiffons propres

Dégradés des murs

Prenez une brosse carrée et appliquez deux couches d'émulsion blanche sur les murs, laissez sécher chaque couche de 2 à 4 heures. Préparez un glacis contenant deux mesures d'émulsion rose, 7 mesures de glacis acrylique et une mesure d'eau, ajoutez quelques touches d'acrylique pour artistes ombre brûlée et Sienne brûlée pour ternir un peu la couleur (voir page 83 pour les mélanges de couleur). Prenez une brosse de décorateur ou un pinceau à vernir et appliquez le glacis à grands coups de pinceau sur le mur, afin de donner une impression de mouvement. Procédez de façon à obtenir de subtiles transitions en chargeant certains endroits plus que d'autres. Laissez sécher 24 heures, puis appliquez une seconde couche de glacis. Laissez de nouveau sécher. Pour avoir davantage de profondeur, ajoutez un peu d'émulsion rose au reste de glacis et répartissez sur le mur. Prenez une grosse brosse souple et sèche pour lisser la couleur. Laissez sécher 2 heures.

1. Tracez trois spirales de différentes tailles sur du papier calque. Dessinez-les de manière à ce que les irrégularités ne laissent pas deviner l'utilisation d'un pochoir. Transférez le dessin sur une plaque de carton dur et évidez-le (voir pages 98-99).

2. Il n'existe aucune méthode particulière pour disposer les spirales. Commencez par les plus grandes qui structureront l'ensemble, en déterminant leur disposition selon votre goût. Prenez une bande adhésive gaufrée pour fixer les pochoirs aux murs, puis esquissez les contours des spirales au crayon.

3. Après avoir dessiné ces spirales, tracez quelques lignes pour les relier entre elles. Préparez un vieil orange en prenant une émulsion orange ordinaire et diluez-la à l'eau dans la proportion de 3/3 pour 1/3. Rectifiez ensuite la couleur en ajoutant un peu d'acrylique pour artistes ombre nature et Sienne nature. Prenez un pinceau plat à tableaux et peignez les contours des spirales et les lignes. Laissez sécher 1 à 2 heures. Mélangez du pigment or jaune avec un glacis acrylique. Prenez un autre pinceau et badigeonnez votre glacis or sur l'orange en veillant à ce que la couche soit fine. Travaillez en chargeant à peine le pinceau, puis essuyez la peinture au chiffon.

Sol et tapis de bains

Avant de peindre le sol, préparez-le comme il convient (voir pages 194 à 198). Il s'agit ici d'un plancher en bois brut. Prenez une brosse carrée et appliquez deux couches d'émulsion blanche en laissant sécher de 2 à 4 heures après chaque couche pour éviter les traces.

Décidez de l'emplacement et de la taille de votre « tapis de bains ». Dessinez les contours en vous servant d'une équerre et collez de la bande adhésive autour de votre esquisse. Préparez une laque contenant 2 mesures d'émulsion turquoise, 7 mesures de laque acrylique et 1 mesure d'eau. Prenez un pinceau de décorateur ou une brosse à vernir et appliquez votre laque sur tout le sol, sans déborder sur la bande adhésive. Procédez par petites sections en repassant un spalter sec sur la laque encore humide au fur et à mesure que vous travaillez (voir pages 92-93). Laissez sécher 24 heures. Étalez ensuite une seconde couche et répétez l'opération au spalter, en croisant pour obtenir un effet de trame. Laissez sécher et ôtez la bande adhésive.

Matériel

- Brosse carrée
- Émulsion vinylique blanc satiné
- Équerre
- Bande adhésive gaufrée
- Émulsion vinylique satinée turquoise
- Glacis acrylique
- Brosse de décorateur large et souple
- Brosse hermétique
- Émulsion vinylique rose soutenu
- Acryliques pour artistes rouge vénitien et ombre brûlée
- Brosse à badigeon
- Papier calque
- Papier carbone
- Pinceau à tableaux de taille moyenne
- Émulsion bleu foncé
- Trois pinceaux fins pour artistes
- Pigment or jaune ou peinture acrylique
- Carton à pochoir ou pochoirs en carton dur et matériel de découpe (voir pages 98-99)
- Godet
- Brosse à pochoir
- Papier ouate de cellulose
- Vernis glycérophtalique mat
- Brosse à vernir

1. Fixez la bande adhésive tout autour de l'emplacement réservé au tapis de bains. Préparez une laque composée de 2 mesures d'émulsion rose, de 7 mesures de glacis acrylique et de 1 mesure d'eau. Ajoutez quelques touches d'acrylique pour artistes rouge vénitien et ombre brûlée. Prenez une brosse de décorateur ou une brosse à vernir et répartissez votre laque sur la surface du tapis. Lissez le vernis au fur et à mesure que

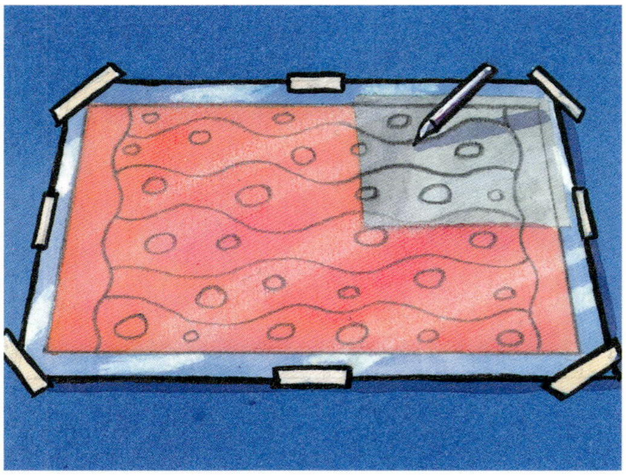

vous travaillez en vous servant d'une brosse sèche. Laissez sécher 24 heures, puis ôtez la bande adhésive. Tracez le dessin du tapis sur du papier calque sans essayer d'obtenir des bulles trop parfaites, car les irrégularités de taille et de forme contribuent au charme du résultat final.

2. Posez le papier calque sur l'emplacement réservé au tapis et maintenez-le en place à l'aide de plusieurs morceaux de bande adhésive. Glissez une feuille de papier carbone sous le papier calque et suivez le motif au crayon pour le transférer sur le sol.

3. Prenez le pinceau à tableau de taille moyenne et peignez les bandes de vagues bleu foncé. Laissez sécher de 2 à 4 heures. Préparez une laque acrylique or jaune et peignez les bulles du bord et de la partie centrale, puis celles de la bordure bleue. Prenez un pinceau fin et peignez ensuite les bulles blanches et bleues à l'acrylique dilué avec un peu d'eau. Laissez sécher 2 heures. Fabriquez un pochoir stylisé pour réaliser les franges en vous servant de carton dur (voir pages 98-99). Fixez le pochoir à l'aide de bande adhésive, versez un peu de peinture dorée dans votre godet et étalez la couleur dans votre pochoir (voir page 101). Répétez l'opération à l'autre extrémité du tapis et laissez sécher une nuit. Pour finir, appliquez quatre couches de vernis vitrifiant mat sur toute la surface du sol en laissant chaque couche sécher 16 heures.

UNE CHAMBRE DAMASSÉE

L'ancien et le moderne se combinent parfaitement sur les murs de cette chambre pour imiter la richesse d'un damas usé par le temps. Pour réaliser le fond, on a mélangé une émulsion du commerce de couleur rose fuchsia avec une laque. La même émulsion non diluée a été « salie », en ajoutant une touche d'acrylique pour artistes ombre brûlée pour peindre les motifs au pochoir.

Matériel
- Brosse carrée
- Émulsion vinylique blanche et rose fuchsia
- Glacis acrylique
- Seaux pour mélanger les couleurs
- Brosses de décorateur larges et souples ou brosse à vernis
- Crayon
- Niveau à bulle
- Fil à plomb ou équerre en T
- Carton huilé pour pochoir ou feuille d'acétate transparent
- Matériel à découper les pochoirs (voir pages 98-99)
- Acrylique pour artistes, ombre brûlée
- Bande adhésive gaufrée
- Godet
- Brosse à pochoir
- Papier ouate de cellulose
- Chiffon
- Tampon à récurer

Murs au pochoir

Appliquez deux couches de base constituées d'une émulsion vinylique blanc satiné sur les murs et le plafond en vous servant d'une brosse carrée. Laissez sécher chaque couche de 2 à 4 heures. Préparez la laque pour le fond en mélangeant deux mesures de rose fuchsia avec 7 mesures de glacis acrylique et une mesure d'eau (voir page 83 sur la manière de préparer une laque). Prenez une brosse de décorateur et appliquez rapidement et uniformément votre laque. Laissez sécher 24 heures puis posez une seconde couche pour obtenir un ton soutenu. Dès que celle-ci est sèche, faites une grille pour chaque mur (voir page 131) afin de localiser la position de vos grands pochoirs et marquez leur emplacement avec un léger trait de crayon (les deux autres motifs de petite taille seront intégrés par la suite). Dessinez et évidez les pochoirs (voir page 98). Préparez la peinture destinée aux pochoirs en mélangeant un peu d'émulsion rose fuchsia non diluée avec une touche d'acrylique ombre brûlée pour artistes.

1. Fixez le plus grand pochoir au mur avec la bande adhésive à l'endroit préalablement marqué. Versez un peu de peinture dans un godet et plongez-y le bout des soies de la brosse à pochoir à la verticale. Faites attention à ne pas trop charger la brosse.

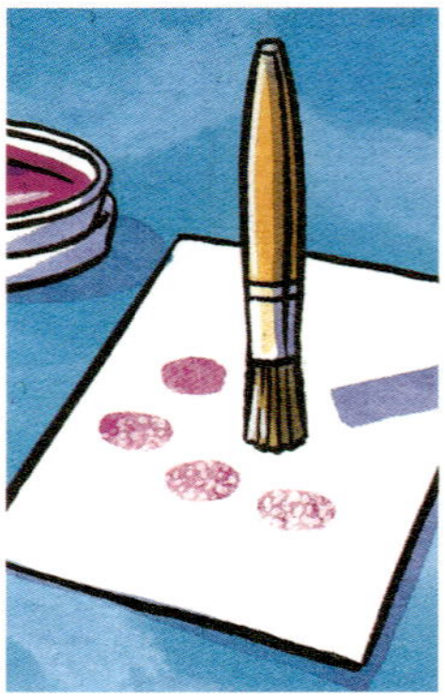

2. Tapotez la brosse sur du papier de cellulose pour ôter l'excédent de peinture et répartissez la couleur uniformément sur les soies. Les soies ne doivent présenter aucune trace d'humidité.

3. Tamponnez la peinture dans le motif en tenant la brosse perpendiculairement à la surface, tandis que votre autre main appliquera le pochoir contre le mur.

4. Dès que vous avez achevé un motif, laissez le pochoir en place 30 secondes. Décollez-le en le dégageant par le haut, tandis que votre autre main le maintient contre le mur. Mettez votre pochoir en position sur la marque suivante et répétez l'opération jusqu'à ce que vous ayez peint tous les motifs. Essuyez de temps en temps les surcharges de peinture qui se forment. Peignez les petits pochoirs en dessous des grands en les positionnant à vue d'œil. Laissez sécher une nuit.

Humidifiez le tampon à récurer et frottez les motifs en imprimant un mouvement circulaire. Collez une bande de ruban adhésif tout autour de la pièce à environ 15 cm du plafond et peignez une frise avec le reste de peinture.

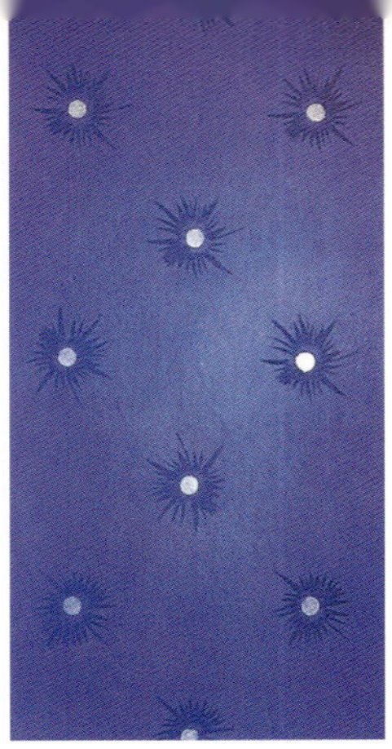

UNE ENTRÉE FASTUEUSE

Les effets trompe-l'œil des deux murs et du sol s'allient ici pour créer un décor élégant, fondé sur l'asymétrie. La texture luxueuse, qui rappelle un matelassé de tapissier, a inspiré ce décor mural d'un magnifique violet agrémenté de « boutons » peints au pochoir. Les teintes naturelles du sol en fausse mosaïque viennent compléter l'impression générale. L'illusion de carrelage a été réalisée en photocopiant et en transférant un dessin dont on a repris les lignes et sur lequel on a ajouté une touche d'un glacis violet pour produire un trompe-l'œil. Un vernis protecteur « sali » à l'ombre nature recouvre tout le sol, rappelant les sols antiques.

Matériel

Brosse carrée
Émulsion vinylique satinée blanche et violette
Glacis acrylique
Seaux pour mélanger les couleurs
Brosses de décorateur larges et souples ou brosse à vernis
Chiffons propres
Brosse à badigeon
Mètre à ruban
Crayon
Lattes de bois
Niveau à bulle
Fil à plomb ou équerre en T
Cordelette
Ruban adhésif gaufré
Carton huilé pour pochoir ou feuille d'acétate transparent
Matériel à découper les pochoirs (voir pages 98-99)
Peinture acrylique dorée
Acrylique pour artistes, ombre brûlée
Godet
Brosse à pochoir
Papier ouate de cellulose

Murs matelassés

Appliquez deux couches d'émulsion blanche à la brosse en les laissant sécher de 2 à 4 heures chacune. Préparez une laque en mélangeant 2 mesures d'émulsion violette, 7 mesures de glacis acrylique et 1 mesure d'eau (voir page 83 sur la manière de préparer une laque). Prenez une brosse de décorateur et posez votre laque sur la base blanche, puis estompez au chiffon ou avec une brosse large pour suggérer l'apparence d'une texture. Laissez sécher 24 heures et recommencez l'opération.

1. Dessinez une grille pour chaque mur, l'espace entre les motifs doit être d'environ 30 cm. Mesurez les intervalles en diagonale, puis de haut en bas, en vous aidant d'une latte de bois coupée. Prenez ensuite un niveau à bulles ou une équerre en T pour vérifier l'horizontale et un fil à plomb pour les verticales, puis tracez votre grille à légers coups de crayon. Vérifiez une seconde fois que les motifs sont correctement alignés en vous servant d'une cordelette tendue le long du mur et fixée avec des morceaux de ruban adhésif.

2. Dessinez le motif représentant les faux plis et les boutons à main levée sur du papier. Le diamètre des boutons doit être d'environ 2,5 cm et l'envergure des faux plis de 13 cm au plus. Transférez le dessin sur une feuille de carton ou d'acétate à pochoir et évidez-le soigneusement (voir page 98).

3. Posez le pochoir représentant les faux plis sur le pochoir destiné aux boutons et centrez ce dernier. Pour vous aider à bien placer les pochoirs, percez de petits trous au coin de chacun d'eux puis faites de petites entailles en V (ou tracez des lignes si vous avez pris de l'acétate) au milieu de chaque côté, de façon à les placer correctement sur la grille. Fixez d'abord le pochoir aux boutons sur le mur en tenant compte des positions indiquées et peignez les contours à l'acrylique doré (voir page 101).

4. Teintez un peu de laque violette en ajoutant une touche d'acrylique ombre brûlée pour artistes et peignez les faux plis en répétant la même opération avec les pochoirs correspondants. Faites attention à ne tamponner la peinture que dans les plis et à laisser intact un petit espace autour du bouton afin qu'ils semblent ressortir. Retournez éventuellement le pochoir pour varier la direction des plis et imiter l'aspect du matelassé.

Sol en fausse mosaïque

Préparez la surface destinée à être peinte (pages 194 à 198). Appliquez deux sous-couches d'émulsion vinylique blanc cassé mat à la brosse carrée et laissez sécher chaque couche de 2 à 4 heures. Mélangez une petite quantité de laque constituée de 2 mesures d'émulsion violette, 7 mesures de glacis acrylique et 1 mesure d'eau qui servira à peindre les carreaux de mosaïque teintés. Répartissez la laque dans deux pots. Allongez le contenu de l'un d'eux avec de l'eau dans la proportion de 3/3 pour 1/3, puis ajoutez une petite quantité d'acrylique ombre nature pour artistes.

Matériel
Brosse carrée
Émulsion vinylique mate blanc cassé
Émulsion vinylique satinée violet
Glacis acrylique
Seaux
Acrylique pour artistes ombre nature
Trois feuilles de papier de format A3
Papier ouate de cellulose
Trichlore
Ruban adhésif gaufré
Petites brosses à tableaux
Pinceau fin
Brosse de décorateur large et souple
Brosse à badigeon
Vernis glycérophtalique mat
Brosse à vernis

1. Prenez les trois feuilles de papier de format A3 et dessinez au crayon et séparément les trois éléments de la mosaïque : un carré d'angle comportant des cercles, un motif de bordure avec des entrelacs et une surface de mosaïque simple. Repassez le dessin au feutre noir dès que vous en êtes satisfait. Prenez les dimensions du sol pour évaluer le nombre de copies dont vous aurez besoin, puis faites autant de photocopies de chaque feuille que nécessaire.

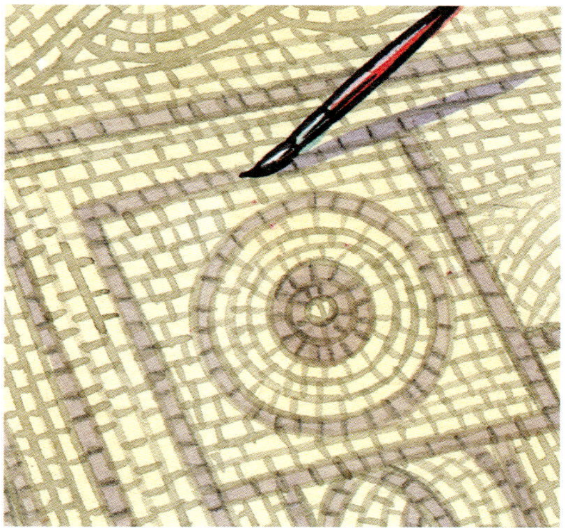

2. Humidifiez un tampon de papier absorbant avec du trichlore. Commencez par un carré d'angle et fixez la première photocopie sur la surface, le côté imprimé vers le sol. Badigeonnez le verso avec le papier absorbant pour dissoudre l'encre de la photocopie.

Humidifiez de nouveau le papier et frottez-le de nouveau sur le verso de la photocopie fermement appliquée sur le sol. Laissez reposer pendant deux minutes puis détachez soigneusement un angle de papier pour vérifier que le dessin a été transféré.

3. Répétez l'opération sur toute la surface, en commençant par traiter les angles, puis les bordures pour terminer par la zone unie. Laissez sécher une nuit. Peignez les zones colorées et les lignes encadrant chaque élément en vous servant de votre laque pourpre.

4. Prenez le mélange destiné au trompe-l'œil et un pinceau à tableaux et ajoutez des ombres à main levée pour mettre en valeur les petits carrés de mosaïque.

5. Préparez un glacis « sale » en mélangeant un peu de laque acrylique transparente, de l'eau et un peu d'acrylique ombre nature pour artistes. Prenez une brosse de décorateur et appliquez ce mélange sur la surface. Essuyez le vernis par endroits, puis estompez doucement avec une brosse sèche. Laissez sécher 24 heures. Pour finir, protégez avec quatre couches de vernis mat en laissant sécher chaque couche 16 heures avant d'étaler la suivante.

UN BUREAU LETTRÉ

Ces lettres stylisées sur un fond carmin ajoutent une touche de raffinement et d'humour à la française dans une pièce qui, normalement, est plutôt austère. Le brillant des murs a été réalisé en étalant deux couches d'un glacis glycérophtalique rouge sur une base rose. Pour lisser le glacis, on a utilisé une brosse douce sèche et bien propre immédiatement après avoir étalé la peinture. Le contour des lettres a été tracé au moyen d'une simple méthode de transfert, avant de peindre le corps à la peinture à l'huile en utilisant une brosse à tableaux.

Matériel

Brosse douce de décorateur de 9 cm de large
Base satinée rose vif
Seaux pour mélanger les couleurs
Laque glycérophtalique transparente
Huiles fines pour artistes ou colorant rouge cadmium, Sienne brûlée et nature
White-spirit
Chiffon propre
Crayon
Papier calque
Niveau à bulle
Équerre en T
Papier carbone
Bande adhésive gaufrée
Peinture à l'huile dorée
Pinceau fin

Transfert de la calligraphie

Prenez une brosse de décorateur et appliquez une couche de satiné rose. Laissez sécher 24 heures. Recommencez l'opération pour obtenir un fond uniforme. Préparez un glacis à l'huile à partir d'huiles fines pour artistes. Prenez un rouge cadmium, un peu de Sienne brûlée et nature préalablement dilués dans du white-spirit et mélangez-les avec un siccatif transparent de manière à obtenir la couleur voulue. Appliquez votre glacis sur le fond rose à la brosse de décorateur en badigeonnant dans toutes les directions, puis lissez au fur et à mesure en vous servant d'une brosse ou d'un chiffon. Laissez sécher 24 heures et passez une seconde couche pour obtenir un très beau luisant.

1. Recherchez des caractères, puis agrandissez-les au photocopieur. Tracez le contour de chaque lettre sur une feuille de papier calque.

2. Décidez de l'endroit où vous placerez vos lettres. Prenez un niveau à bulle et tracez une ligne légère au crayon pour marquer la base de vos caractères. Signalez la verticale en vous aidant de l'équerre en T pour que vos lettres soient droites. Pour transférer le dessin, fixez au mur une feuille de papier carbone puis le dessin sur papier calque et suivez les contours au crayon. Prenez un pinceau fin et une peinture à l'huile couleur or et peignez les lettres.

UN INTÉRIEUR EN FAUSSE FOURRURE

Le règne animal et le monde sauvage ont été transportés sur les murs, générant un motif qui capte le regard. La peinture a été réalisée à l'aide d'une technique facile : des pommes de terre taillées dont les contours bruts produisent un aspect naturaliste que rehausse un fond en rayures dégradées crème et taupe. Ces rayures ont été peintes en premier. Les empreintes en acrylique noir d'ivoire pour artistes ont été réparties au hasard sur la surface. Mais comme cette technique tient davantage du jeu que d'un travail sérieux dans le registre du faux, vous réussirez aussi bien en suivant votre intuition.

Matériel
- Brosse carrée
- Émulsion vinylique blanc mat
- Émulsion vinylique mate taupe et crème
- Acryliques pour artistes Sienne nature, ocre et jaune
- Seaux pour mélanger les couleurs
- Brosse de décorateur souple et large
- Brosse à badigeon
- Pommes de terre épluchées de différentes tailles
- Couteau de cuisine et cutter
- Acrylique ivoire pour artistes
- Petit rouleau et égouttoir à peinture
- Chiffons propres
- Pinceau à tableaux de taille moyenne

Mur avec impression léopard

Appliquez d'abord une sous-couche d'émulsion blanche à la brosse carrée et laissez sécher de 2 à 4 heures. Pour réaliser le dégradé des rayures, prenez deux émulsions du commerce, ou préparez vos propres couleurs en ajoutant à votre peinture une touche de Sienne nature pour artistes pour le ton le plus pâle, et d'ocre jaune pour le plus soutenu. Commencez par peindre les rayures les plus sombres à la brosse de décorateur en estompant les bords de la peinture encore humide. Peignez les zones plus claires avant que les rayures sombres soient complètement sèches, puis créez un fondu à la jonction avec les rayures ocres en vous servant d'une brosse à badigeon bien sèche. Si vous traitez une grande surface, peignez vos rayures par étape. Laissez sécher 2 heures.

1. Coupez les pommes de terre en deux. Prenez ensuite un couteau de cuisine ou un cutter et dessinez une forme sur la tranche. Évidez la partie ne devant pas être imprimée et ôtez les parties inutiles pour obtenir un tampon. Fabriquez plusieurs tampons.

2. Mettez une petite quantité d'acrylique noir ivoire sur une palette et répartissez-la uniformément avec un rouleau. Choisissez une pomme de terre et étalez la couleur au rouleau sur la tranche évidée.

3. Tenez la pomme de terre fermement et imprimez plusieurs motifs au hasard sur le mur. La couleur deviendra de plus en plus pâle à chaque impression, mais l'effet naturel en sera accentué. Enduisez la pomme de terre de couleur aussi souvent que nécessaire. Répétez l'opération avec les autres pommes de terre en variant la direction et la disposition des impressions. Essuyez de temps en temps les pommes de terre avec un chiffon.

4. Faites une touche de peinture foncée au centre des impressions situées sur les bandes de couleur les plus claires.

UN SALON THÉÂTRAL

Ce délicieux trompe-l'œil informel, inspiré du peintre français Christian Bérard, recrée l'univers des décors peints des théâtres. On a eu recours à des techniques très simples pour suggérer un sens de l'espace et de la lumière qui séduit immédiatement. Les murs ont d'abord été couverts d'une émulsion mate jaune moutarde, tandis que la cheminée, les plinthes et les cornières ont été réalisées en blanc. Après séchage du fond, on a peint des lignes très libres (voir pages 96-97) pour donner une impression de faux lambris, en utilisant diverses nuances d'ombre brûlée, de vert d'eau et de blanc qui produisent un effet tridimensionnel.

Les tons subtils du sol complètent le décor mural avec naturel. Le plancher a été réalisé avec une laque glycérophtalique teintée, traitée en imitation bois au tampon avant d'être estompée. Une sous-couche très diluée produit un bel effet de décoloration. Un vernis glycérophtalique protège la surface.

Matériel
Brosse carrée
Émulsion vinylique mate jaune moutarde
Émulsion vinylique mate blanche
Crayon
Mètre à ruban
Niveau à bulle
Fil à plomb
Compas ou cordelette fixée à une pointe
Pinceau effilé
Acryliques pour artistes bleu cobalt, jaune cadmium, blanc et ombre brûlée
Glacis acrylique
Règle ou bâtonnet à peindre

Murs « lambrissés »

Appliquez une couche d'émulsion jaune moutarde sur les murs. Dès que ce fond est complètement sec, soulignez les structures et les moulures existantes avec deux couches d'émulsion blanche, par exemple sur les cornières, en vous inspirant du modèle. Dessinez ensuite précisément les lambris en trompe-l'œil.

1. Concevez un modèle de lambris de taille convenable pouvant être répété sur tous les murs. Prenez un mètre ruban et un crayon et marquez les bords de chaque panneau, puis dessinez l'intersection des lignes. Assurez-vous que les lignes sont horizontales et verticales en vous aidant d'un fil à plomb et d'un niveau à bulle.

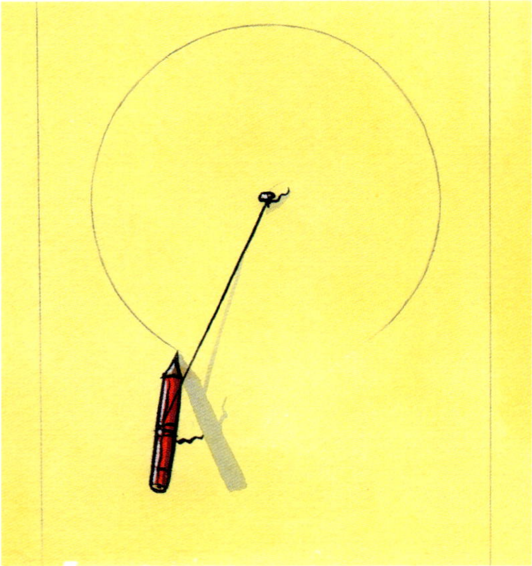

2. Déterminez le centre de chaque panneau en recherchant le point d'intersection des deux diagonales. Prenez un compas ou un crayon fixé à une cordelette attaché à une pointe et tracez les doubles cercles en piquant la pointe au centre de chaque panneau. Le cercle extérieur doit tout juste toucher les côtés du panneau. Veillez à ce que les cercles de chaque panneau aient les mêmes dimensions.

3. Prenez un pinceau effilé et peignez les panneaux en suivant la ligne tracée au crayon. Pour réaliser l'effet tridimensionnel montré sur le modèle, utilisez différentes nuances : le blanc d'une émulsion vinylique mate, le vert d'eau obtenu en mélangeant des acryliques pour artistes jaune cadmium et bleu cobalt, et jusqu'à la tonalité la plus sombre faite d'acrylique pour artistes ombre brûlée délayée dans un peu d'eau et un glacis acrylique. En règle générale, placez l'ombre la plus foncée à proximité de la principale source de lumière et la plus claire dans les endroits plus sombres.

4. Si vous craignez de travailler à main levée, guidez-vous à l'aide d'une règle ou d'un bâtonnet muni d'un chiffon à une extrémité pour que votre main ait un geste régulier. Appuyez votre main sur la règle ou sur le bâtonnet. Vous pourrez ensuite compléter l'ensemble en ajoutant d'autres structures avec la même technique.

Sol en faux pin décoloré

Préparez la surface du sol en vous conformant aux instructions données dans les pages 194 à 198. Le plancher de ce salon était en planches de bois brut. Prenez une brosse de décorateur de 9 cm de large et appliquez uniformément deux bonnes couches de blanc satiné, en laissant sécher chaque couche 24 heures avant d'étaler la suivante. Préparez un glacis en teintant une sous-couche glycérophtalique avec un peu de couleurs à l'huile fine ocre jaune et Sienne naturelle pour artistes. Ajoutez ensuite du vernis mat dans la proportion de 1 mesure de peinture pour 3 de vernis et mélangez de nouveau.

Matériel

- Brosse de décorateur de 9 cm de largeur
- Blanc satiné
- Sous-couche glycérophtalique blanche
- Peintures à l'huile fine pour artistes ocre jaune et Sienne nature
- Vernis glycérophtalique mat
- Seaux pour mélanger les couleurs
- Tampon
- Brosse à lisser
- Chiffons propres
- Brosse à vernis

1. Appliquez uniformément la laque à la brosse de décorateur sur une des planches du sol. Prenez le tampon gommé. La bordure extérieure vous guidera.

2. Tirez le tampon sur la laque humide en ajustant l'angle et en le faisant basculer d'avant en arrière pour imiter la veine naturelle du bois. Dès que vous aurez fini une planche, étirez la laque avec une brosse à lisser et harmonisez les motifs. Ceci vous permettra d'enlever les amas de laque laissés par le tampon et donnera davantage de subtilité à l'ensemble. Passez à la planche suivante et recommencez l'opération. Nettoyez le tampon assez fréquemment avec un chiffon propre imbibé de white-spirit pour ôter les restes de peinture. Laissez sécher 16 heures.

3. Diluez une mesure de sous-couche avec une mesure de white-spirit (plus vous ajouterez de solvant, plus l'effet de transparence sera grand). Prenez la brosse de décorateur de 9 cm et appliquez une couche de ce mélange pour harmoniser ou pour casser l'effet de veinage. Cette opération vous aidera à réaliser l'effet de décoloration. Laissez sécher une nuit. Terminez en appliquant quatre couches de vernis mat pour fixer et protéger la surface. Laissez sécher chaque couche 16 heures avant d'appliquer la suivante.

UN SALON EMPIRE

Les boiseries de ce salon Louis XV semblent avoir été réalisées il y a des siècles. Pourtant, ce sont des imitations... Il s'agit simplement d'une utilisation intelligente du trompe-l'œil : un effet tridimensionnel sur une surface plane. La façon dont on a utilisé la peinture pour obtenir cette illusion de lambris était dictée par la lumière de la pièce. La décoration stylisée du sol complète parfaitement le schéma des murs. Un faux tapis est peint sur le sol à main levée et au pochoir, en utilisant une laque de couleur.

Matériel
Brosse carrée
Peinture vinylique satinée blanche
Peinture vinylique mate jaune citron pâle
Glacis acrylique
Seaux pour mélanger les couleurs
Brosse de décorateur ou brosse à vernir
Brosse à badigeon
Mètre ruban
Papier quadrillé
Crayon
Règle
Niveau à bulle
Fil à plomb
Acryliques pour artistes blanc et ombre naturelle
Deux pinceaux fins pour artistes
Équerre (en option)
Ruban adhésif gaufré
Vernis glycérophtalique

Lambris classiques

Appliquez deux couches d'émulsion acrylique blanche sur les murs et le plafond à l'aide de la brosse carrée, en laissant de 2 à 4 heures de séchage entre chaque couche. Préparez un mélange de laque avec 2 mesures d'émulsion jaune, 7 mesures de glacis mat acrylique et 1 mesure d'eau (voir page 83 pour le mélange des laques). Prenez une brosse de décorateur ou une brosse à vernir et étalez le vernis sur toute la surface, tout en lissant au fur et à mesure, puis laissez sécher 24 heures avant de poser une seconde couche.

Sur du papier quadrillé, dessinez les murs à l'échelle en indiquant tous les détails tels que fenêtres et cheminée. Ensuite, en partant du centre de chaque mur - pour garder la symétrie -, dessinez les cornières, les lambris, les plinthes et les panneaux. À l'aide d'un crayon, d'un niveau à bulle et d'un fil à plomb, reportez votre dessin sur les murs.

Dessinez les contours de chaque panneau puis, à l'intérieur, les doubles moulures de chaque panneau. Ce sont les endroits où vous peindrez les ombres et les lumières, ceci afin de réaliser l'effet tridimensionnel. Accentuez la jointure des angles sur chaque panneau.

En fonction de l'orientation de la source de lumière (ici, en haut à droite du panneau), définissez les deux angles des moulures qui recevront la lumière et ceux qui seront dans l'ombre (voir page 119). Prenez du blanc pour les lumières et de l'ombre naturelle pour les ombres, en diluant ces couleurs avec un peu d'eau. Appliquez-les au pinceau pour artistes, en travaillant soit à main levée, soit à l'aide de l'équerre pour les parties droites et les jointures des angles. Pour les bordures droites, une autre manière de procéder est de coller du ruban adhésif gaufré des deux côtés de chaque ligne avant de peindre. Suivre le même principe pour les cornières, les lambris et les plinthes. Laissez sécher une nuit et protégez avec un vernis mat glycérophtalique.

Matériel

Brosse carrée
Émulsion vinylique mate jaune citron pâle, turquoise et rouge
Glacis acrylique
Acryliques pour artistes, ocre jaune et ombre naturelle
Seaux pour mélanger les couleurs
Ficelle
Craie
Punaises
Papier quadrillé
Crayon
Règle
Équerre
Grand compas (en option)
Petits pinceaux de décorateur
Carton huilé à pochoir ou acétate
Cutter (voir page 98)
Ruban adhésif gaufré
Godet
Brosse à pochoir
Papier ouate de cellulose
Vernis glycérophtalique satiné semi-brillant
Brosse à vernir

Sol à bordure de feuilles

Avant de peindre, préparez la surface du sol (voir pages 194 à 198). Appliquez ensuite deux couches de base d'émulsion jaune citron pâle à la brosse carrée, en laissant sécher de 2 à 4 heures entre chaque couche. Préparez une laque en mélangeant 2 mesures de cette même émulsion, 7 mesures de glacis acrylique, 1 mesure d'eau et un peu d'acrylique pour artistes ocre jaune. Pour le panneau central et les cercles imbriqués, préparez une laque turquoise pour le bord sur lequel le cercle s'appuie, et une autre pour le bord rouge. « Salissez » par l'addition d'un peu d'ombre naturelle.

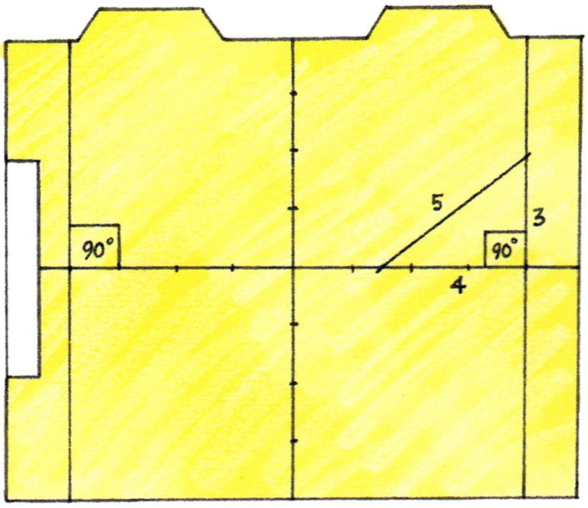

1. Tracez une grille sur le sol de façon à créer un panneau carré pour chaque motif. Pour trouver le centre du sol, déterminez le milieu de chaque mur et tendez des fils enduits de craie et fixés avec des punaises du milieu d'un mur au centre de celui qui lui est opposé. Tirez fortement sur les fils et faites les claquer sur le sol afin d'y laisser des traces avec la craie : le centre de la pièce sera le point où les lignes se croiseront. En travaillant à l'échelle sur du papier quadrillé et en partant du centre vers l'extérieur, calculez le nombre de répétitions dans chaque direction. Marquez les carrés le long des lignes, comme indiqué. Aux dernières marques avant les murs, tracez des perpendiculaires. Utilisez une équerre pour les angles droits, ou mesurez trois segments sur une et quatre sur l'autre : la ligne tirée entre ces points doit correspondre à cinq segments. Tracez les carrés comme précédemment.

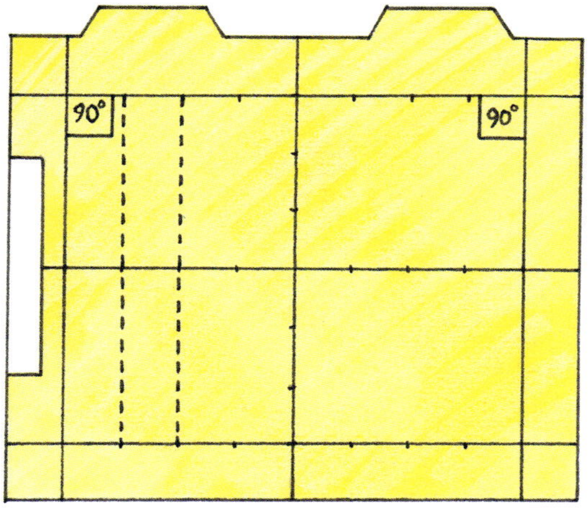

2. En joignant les points, dessinez toutes les lignes dans une direction. Tracez les carrés le long des lignes externes et terminez en rejoignant les points. Transférez la grille du papier sur le sol au crayon. Pour réaliser les cercles, tracez une ligne au milieu de la bordure. Commencez à l'extrémité d'une longueur, pointez le compas sur la ligne centrale et dessinez un cercle qui touchera exactement les deux lignes extérieures de la bordure. Dessinez le cercle suivant, chevauchant le premier, et ainsi de suite tout le long de la bordure. Peignez les cercles, la bordure et le panneau central avec la laque teintée que vous aurez préparée.

3. Pour la bordure de feuilles, prenez d'abord le compas (ou un crayon, une ficelle et une punaise) de façon à dessiner un cercle dans chaque angle. Pour les feuilles, découpez un pochoir dans du carton huilé ou de l'acétate (veillez à ce qu'il ne dépasse pas 30 cm de long). Posez le pochoir sur la bordure et faites deux points de repère à chaque bout (voir la bordure grecque page 149). Peignez la bordure à la laque brun rouge et laissez sécher 24 heures. Placez le pochoir à un bout en vous servant du ruban adhésif gaufré, versez de l'émulsion jaune pâle dans un godet et dessinez le motif de feuilles à l'aide du pochoir (voir page 101). Laissez sécher chaque motif deux minutes avant de déplacer le pochoir et de chevaucher la section précédente. Terminez le travail au pochoir de cette façon. Protégez les coins extérieurs de la bordure avec du ruban adhésif gaufré et, en travaillant à main levée, peignez soigneusement au pochoir autour des cercles. Retirez le ruban adhésif gaufré et laissez sécher 24 heures. Appliquez quatre couches de vernis satiné, en laissant sécher 24 heures entre chaque couche.

UN APPARTEMENT EN VILLE

Des larges rayures dans des teintes bleu tendre et jaune crémeux, ces rayures existant dans tout l'appartement, créent l'ambiance sereine de ce salon aux belles proportions. Des glacis de couleur ont été appliqués sur une laque couvrante teintée pour produire un luisant doux, translucide. Elles sont « vieillies » à l'aide d'un badigeon de Sienne naturelle. À hauteur des lambris, une bordure de vagues faite au pochoir contraste, par la fluidité de ses lignes, avec le bas uni, peint en laque bleue. Le superbe sol minimal a été peint avec une sous-couche teintée de jaune et protégé par une couche de vernis satiné protecteur.

Matériel
- Pinceau à émulsion
- Émulsion vinylique blanche soyeuse
- Émulsion vinylique mate jaune crème
- Glacis acrylique
- Seaux pour mélanger les couleurs
- Un large brosse de décorateur souple, ou un pinceau à laque acrylique
- Émulsion vinylique mate bleu cobalt
- Des acryliques d'artistes pour teinter (en option)
- Crayon
- Niveau à bulle
- Ruban adhésif gaufré
- Mètre ruban
- Fil à plomb
- Brosse à badigeon
- Acrylique pour artistes Sienne nature.

Rayures jaunes et bleues

À l'aide de la brosse carrée, appliquez deux couches d'émulsion blanche sur toute la surface, en laissant sécher de 2 à 4 heures entre chaque couche. Préparez un glacis en mélangeant 2 mesures d'émulsion jaune crème, 7 mesures de glacis acrylique et 1 mesure d'eau (voir page 83 pour le mélange des glacis). Répartissez le mélange dans deux récipients. Diluez une partie avec de l'eau dans la proportion de 3/3 pour 1/3. Prenez une brosse de décorateur pour badigeonner le glacis dilué sur le fond blanc et laissez sécher pendant la nuit. Préparez un glacis pour les rayures bleues avec les mêmes proportions que ci-dessus, en utilisant l'émulsion acrylique bleu cobalt et en ajoutant du glacis acrylique et de l'eau. (Les rayures crèmes seront peintes avec le reste de la laque jaune).

1. Déterminez la hauteur de la bordure de vagues bleues (ici, elle a été placée à environ 95 cm du sol) et, à l'aide du niveau à bulle, tracez une ligne horizontale autour de la pièce. Collez une bande de ruban adhésif gaufré tout au long et en dessous de cette ligne. Mesurez la longueur de chaque mur et calculez la largeur des rayures. En vous aidant du fil à plomb, tracez des lignes légères au crayon.

2. À l'aide d'une brosse de décorateur, peignez les rayures bleues à main levée avec votre glacis. Prenez la brosse à badigeon et éliminez un peu de laque en lissant la peinture encore humide. Laissez sécher 24 heures. Répétez l'opération pour les rayures pâles. Dès que la peinture sera sèche, préparez un mélange de glacis acrylique et d'eau dans une proportion de 3/3 pour 1/3. Teintez-le avec un peu d'acrylique pour artistes Sienne nature, puis appliquez à coups de pinceau irréguliers.

3. Si vous préférez un effet plus formel, collez du ruban adhésif gaufré le long des lignes verticales avant de peindre pour obtenir des rayures plus précises. Peignez d'abord les rayures bleues, laissez sécher, puis ôtez soigneusement le ruban adhésif. Répétez la même opération pour les rayures crèmes contrastées.

Des vagues à la Grecque

Replacez le ruban adhésif gaufré à la base des rayures, en vous assurant qu'il est exactement au-dessus de la ligne. Prenez une brosse de décorateur et, avec la laque qui reste des rayures bleues, peignez le bas du mur jusqu'à la base des rayures. Afin d'éclairer l'ensemble, retirez l'excès de laque avec une brosse à badigeon. Laissez sécher toute une nuit.

Matériel
Émulsion vinylique mate bleu cobalt
Glacis acrylique
Seaux pour mélanger les couleurs
Large brosse de décorateur souple
Brosse à badigeon
Mètre ruban
Crayon
Niveau à bulle
Papier
Ruban adhésif gaufré
Carton huilé pour pochoir ou acétate
Cutter (voir page 98)
Acrylique pour artistes outremer
Godet
Brosse à pochoir
Papier ouate de cellulose
Pinceau pour artistes médium
Émulsion vinylique mate blanche
Pinceau pour artistes fin

1. En partant de la base des rayures, mesurez 15 cm. Tracez une ligne au crayon autour des murs en vous aidant du niveau à bulle : elle représentera la base inférieure de la bordure. Protégez le bord inférieur. Dessinez sur du papier le motif des vagues, qui doivent toutes être similaires. Cette section fera 45 cm de long et 12 cm de haut, pour laisser 1,5 cm au-dessus et au-dessous pour les lignes blanches de la bordure. Reportez votre dessin sur le carton à pochoir ou l'acétate et découpez.

2. Posez le pochoir sur l'emplacement de la bordure et tracez des points de repère à chaque extrémité, en les alignant avec les bords intérieurs du ruban adhésif gaufré. Découpez des encoches en forme de V si vous utilisez du carton huilé, ou tracez des petites lignes au crayon sur l'acétate. Avec le ruban adhésif gaufré, fixez le pochoir à une extrémité du mur. Faites un mélange de glacis comme pour les lambris et ajoutez de l'acrylique pour artistes outremer. Pour obtenir une teinte plus sombre, utilisez seulement la moitié d'eau. Versez un peu de glacis dans le godet et peignez la bordure au pochoir (voir page 101). Laissez sécher chaque segment 2 minutes avant de reposer le pochoir et de chevaucher la section précédente. Lorsque vous avez terminé, ôtez soigneusement le ruban adhésif gaufré et laissez sécher une nuit. Collez des bandes de ruban adhésif gaufré de chaque côté de la bordure et, à l'aide du pinceau pour artistes médium, peignez des lignes blanches prononcées à l'émulsion blanche. En dessous, peignez une légère « ombre » à l'aide du pinceau fin pour artistes et de l'émulsion bleue non diluée. Pour donner plus d'importance aux lambris et aux plinthes, peignez-les avec une couche du glacis outremer le plus dense.

Sol peint

Les murs rayés et les sols blancs se retrouvent dans tout l'appartement et rehaussent le côté aérien du salon et de la chambre, leur donnant un charmant aspect de continuité et de fraîcheur.

Préparez la surface des sols avant de peindre (voir pages 194 à 198). Ici, elle a été poncée à nu. Diluez une sous-couche blanche au white-spirit en proportion égale. Pour adoucir la couleur, ajoutez de l'huile pour artistes ocre jaune. (Une très petite quantité de pigment devrait être suffisante, mais la quantité exacte dépendra de la couleur que vous désirez obtenir).

Matériel
Sous-couche blanche glycérophtalique
White-spirit
Peinture à l'huile pour artistes ocre jaune
Seaux pour mélanger les couleurs
Grande brosse de décorateur
Chiffons propres
Vernis satiné glycérophtalique
Brosse à vernir

1. Appliquez la sous-couche sur le sol à la brosse de décorateur, en travaillant à longs coups de pinceaux dans le sens des veines du bois et en veillant à bien l'imprégner.

2. Au fur et à mesure que vous travaillez, frottez les lattes avec un chiffon propre imbibé de white-spirit pour laisser paraître les veines et les nœuds du bois. Laissez sécher une nuit. Pour sceller et protéger la surface, appliquez quatre couches de vernis satiné et laissez sécher 16 heures entre chaque couche.

UN SALON À SILHOUETTES

Peintes à l'or brillant sur de l'indigo, des figures se meuvent silencieusement le long des murs et donnent à ce salon un aspect irréel. Pour les murs, on a utilisé une laque bleu sombre et on a foncé la couleur pour l'intérieur des silhouettes.

Matériel
Brosse carrée
Émulsion vinylique satinée blanche
Glacis acrylique
Acryliques pour artistes turquoise, rouge vénitien et Sienne brûlée
Seaux pour mélanger les couleurs
Brosse de décorateur
Brosse à badigeon
Mètre ruban
Crayon
Niveau à bulle
Ruban adhésif gaufré
Deux pinceaux fins pour artiste
Grandes feuilles ou rouleau de papier calque
Colle de montage
Carbone ou papier à transférer
Chiffons propres
Poudre d'or ou peinture acrylique dorée
Vernis acrylique mat et satiné
Pinceau à vernir

Murs au calque

Appliquez deux couches d'émulsion blanche sur les murs et le plafond avec la brosse carrée, en laissant sécher 24 heures entre chaque couche. Préparez un glacis fait de 2 mesures d'émulsion bleu sombre, 7 mesures de glacis acrylique et 1 mesure d'eau, et ajoutez quelques touches d'acrylique pour artistes turquoise, rouge vénitien et Sienne brûlée pour obtenir un indigo (voir page 83 les mélanges des laques). Appliquez le glacis sur les murs et le plafond avec la brosse de décorateur, en lissant les traces de pinceaux avec une brosse à badigeon sèche. Laisser sécher 24 heures et recommencez. Déterminez la position des silhouettes et tracez les bordures extérieures en vous aidant du niveau à bulle. Collez du ruban adhésif gaufré le long de chaque ligne. Teintez le glacis restant en ajoutant de l'acrylique pour approfondir l'indigo et appliquez une couche sur les bordures (en laissant sécher 24 heures). Retirez le ruban après séchage. Collez deux nouvelles bandes de ruban au-dessus de la bordure inférieure, en laissant une petite marge entre les deux. Avec un pinceau fin pour artistes, remplissez ces lignes à l'acrylique pour artistes rouge vénitien diluée dans un peu d'eau. Laissez sécher et retirez le ruban.

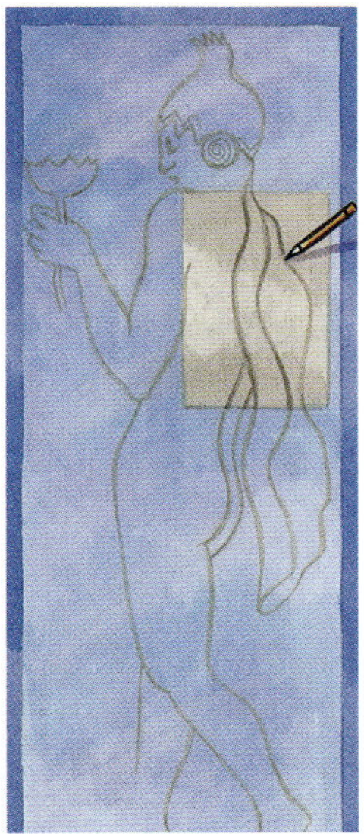

1. Choisissez un modèle de silhouettes et, avec une photocopieuse, agrandissez-le à la bonne taille (si c'est nécessaire, photocopiez par sections que vous reconstituerez). Posez du papier calque sur l'image et tracez au crayon les contours extérieurs, en ajoutant tous les détails décoratifs que vous souhaiterez. Déposez un peu de colle de montage au dos du calque et collez-le sur le mur en pressant légèrement (il est conseillé de commencer par un angle). Décollez le calque dans un coin, glissez une feuille de papier carbone dessous et repassez sur les lignes au crayon afin de transférer la silhouette sur le mur. Transférez l'image entière en continuant de cette façon, section par section.

2. Prenez le glacis restant et, à la brosse de décorateur, remplissez les silhouettes pour les faire ressortir du fond plus pâle. Pour que le contraste soit plus subtil, frottez certains endroits avec un chiffon, ce qui rendra les figures plus irréelles. Laissez sécher une nuit. Mélangez la poudre d'or dans du glacis acrylique, ou prenez de la peinture acrylique dorée et, à l'aide du pinceau fin pour artistes, faites ressortir certaines lignes ou détails. Procédez avec parcimonie pour ne pas nuire à la qualité d'évocation. Peignez les tiges des fleurs à la peinture acrylique pour artistes rouge vénitien et laissez sécher une nuit. Appliquez une couche protectrice de vernis, en utilisant un satiné sur les bordures et le plafond, et un mat sur les parties centrales.

UNE CHAMBRE D'OR

L'élégance de cette chambre vient de la géométrie classique des losanges placés régulièrement autour des murs. Atteignant le plafond et descendant jusqu'aux bordures, ils sont peints d'un or fait de poudre d'or mélangée à un vernis brillant, posé sur une base satinée verte. Une laque blanc cassé appliquée entre les losanges renforce leur reflet doré. La bordure a été réalisée en utilisant la même technique verte et or.

Matériel

- Brosse de décorateur de 9 cm
- Peinture satinée blanc cassé
- Poudre d'or
- Vernis brillant glycérophtalique
- Seaux pour mélanger les couleurs
- Mètre ruban
- Crayon
- Niveau à bulle
- Fil à plomb
- Ficelle et craie ou ficelle enduite de craie
- Ruban adhésif gaufré
- Deux brosses de décorateur médium
- Brosse à badigeon ou chiffon propre
- Peinture satinée vert et pourpre
- Glacis glycérophtalique
- White-spirit
- Peinture à l'huile pour artistes Sienne nature
- Brosse à étirer
- Carton huilé pour pochoir ou acétate
- Cutter (voir page 98)
- Godet
- Brosse à pochoir
- Papier ouate de cellulose

Losanges et bordure

À l'aide d'une brosse de décorateur, appliquez deux couches de peinture satinée blanc cassé sur les murs et les plinthes, en laissant chaque couche sécher 24 heures minimum. Préparez la « peinture » dorée en mélangeant la poudre d'or avec un vernis brillant. Plus vous ajouterez de poudre au vernis, plus la ressemblance avec l'or massif sera grande.

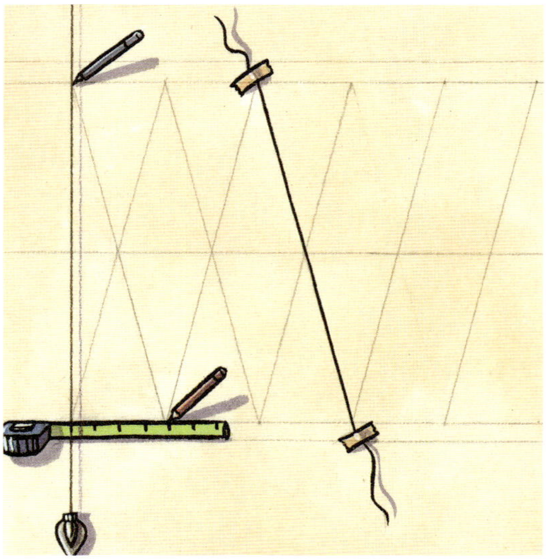

1. Déterminez toutes les dimensions du motif. Calculez la largeur des losanges. En vous aidant du niveau à bulle, tracez au crayon les bordures qui sont placées au-dessus et en dessous des losanges, ainsi que la bordure plus large du dessous. Entre les deux lignes intérieures des bordures, tracez une ligne horizontale qui marquera le centre des losanges. Basez-vous sur vos calculs et marquez les points supérieurs et inférieurs de chaque losange, en vous aidant du fil à plomb.

Pour trouver la diagonale, fixez une ficelle enduite de craie sur le point supérieur d'un des losanges jusqu'au point inférieur du suivant, et claquez-la contre le mur de façon à tracer une ligne. Répétez l'opération pour tous les losanges.

2. À hauteur des lambris, collez du ruban adhésif gaufré sur les bords externes de la bordure la plus étroite et de la bordure la plus large. Prenez la brosse de décorateur médium et peignez les surfaces des bordures à la peinture satinée verte. Laissez sécher 24 heures et peignez les bordures les plus fines avec le mélange de dorure que vous avez préparé. Pour obtenir un aspect « antique », peignez-les de façon irrégulière. Laissez sécher une nuit et retirez soigneusement le ruban. Peignez les plinthes avec de la peinture satinée pourpre.

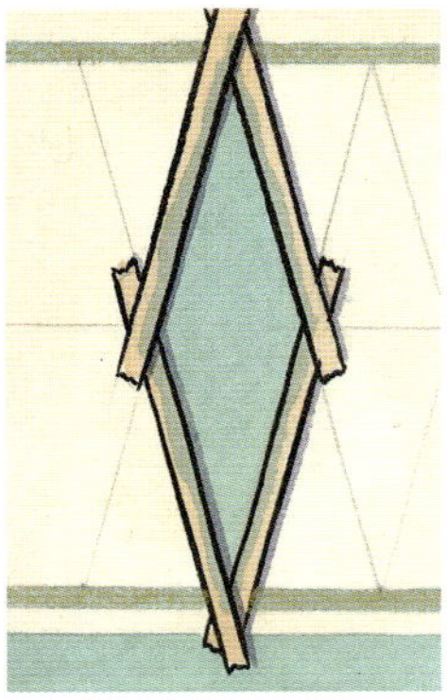

3. Comme il est difficile de cerner tous les losanges à la fois, il sera préférable de masquer les figures alternativement. Comme pour les bordures, peignez les losanges à la peinture satinée vert, laissez sécher et appliquez le mélange doré. Lorsque c'est sec, protégez les losanges restés libres et répétez le procédé.

4. Mélangez du glacis acrylique et du white-spirit et teintez avec de l'huile pour artiste Sienne nature. Appliquez la laque à l'aide de la brosse de décorateur sur les parties blanc cassé et étirez-la au spalter (voir pages 92-93). Laissez sécher 24 heures. Pour obtenir un trait plus précis, collez du ruban adhésif gaufré sur les bords internes des losanges avant de peindre, en découpant le ruban en pointes pour les extrémités supérieures et inférieures. De cette façon, seules les parties blanc cassé seront exposées. Lorsque la peinture est sèche, retirez le ruban. Pour les parties blanc cassé des lambris, répétez la même opération. Pour les cercles dorés de la bordure inférieure, utilisez du mélange doré dans un godet et appliquez la technique du pochoir (voir page 98).

UNE SALLE DE BAINS EN PIERRE

Dans le décor de cette salle de bains, ce qui attire l'œil est la qualité tactile et sensuelle de la pierre polie. Celle-ci a été réalisée en utilisant un effet de trompe-l'œil et le résultat obtenu est étonnamment réaliste. Pour imiter la couleur de la pierre, on a appliqué deux glacis sur une base crème claire. Les pierres ont été dessinées et travaillées individuellement afin de donner à chacune son propre caractère. Pour compléter l'illusion, on a ajouté des ombres et des lumières sur les raccords.

Matériel

- Brosse de décorateur de 9 cm
- Peinture satinée crème claire
- Glacis glycérophtalique
- White-spirit
- Peinture à l'huile pour artistes ombre naturelle et ocre jaune
- Seaux pour mélanger les couleurs
- Brosse de décorateur large et douce
- Mètre ruban
- Crayon
- Papier quadrillé
- Rouleau
- Niveau à bulle
- Fil à plomb ou équerre
- Chiffons propres
- Brosse à moucheter
- Sous-couche blanche
- Peintures à l'huile pour artistes vert moyen, ombre brûlée et blanche
- Pinceau pour artistes fin

Murs en trompe-l'œil

À la brosse de décorateur, peignez deux couches de peinture satinée crème claire sur les murs, en laissant sécher 24 heures entre chaque couche. Faites un mélange avec du glacis glycérophtalique et du white-spirit (voir page 82 le mélange des glacis). Répartissez dans deux récipients et réservez l'un d'eux. Teintez le glacis restant avec des huiles pour artistes ombre naturelle et ocre jaune. Appliquez-le irrégulièrement sur les murs à la brosse de décorateur et lissez les traces de pinceau au fur et à mesure que vous peignez. Laissez sécher pendant 24 heures.

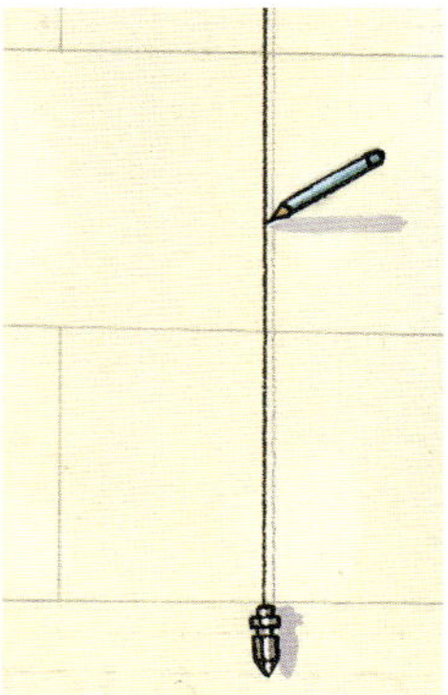

1. La taille des pierres sera décidée en fonction de l'espace : mesurez les murs et, sur le papier quadrillé, calculez une version à l'échelle. En vous en servant comme d'un repère, dessinez les pierres au crayon sur chaque mur. Pour les lignes horizontales, aidez-vous du niveau à bulle.

2. Appliquez le glacis ombre naturelle et ocre jaune en travaillant les pierres l'une après l'autre. Travaillez en donnant à chaque pierre un caractère individuel. Vous y parviendrez avec la technique du chiffon (voir pages 90-91) qui retire un peu de glacis lorsqu'il sèche.

3. Pendant que le glacis est encore humide, utilisez la brosse à moucheter en de nombreux endroits (voir page 95) pour rehausser l'effet de pierre naturelle. Dès qu'une pierre est terminée, commencez la suivante et répétez l'opération. Essayez d'obtenir des différences de tonalité entre les pierres pour que certaines soient un peu plus sombres que les autres. Quand vous serez satisfait de l'effet, reprenez le glacis que vous avez réservé. Ajoutez-lui une petite quantité de sous-couche blanche et diluez le mélange avec du white-spirit dans les proportions de 3/3 pour 1/3. Appliquez cette couche supplémentaire de glacis sur les murs à l'aide de la brosse de décorateur pour laisser un voile de couleur très fin.

4. Mélangez les huiles pour artistes vert moyen et ombre brûlée, en les diluant avec un peu de white-spirit pour obtenir une couleur brun vert que vous appliquerez pour les ombres. Pour les lumières, utilisez de l'huile pour artistes blanche diluée elle aussi. Avec le pinceau fin pour artistes, ajoutez les ombres et les lumières juste au-dessus et en dessous des raccords pour leur donner plus d'impact. Frottez doucement ces couleurs à certains endroits avec un chiffon propre si elles vous semblent trop intenses.

UN MEUBLE ANTIQUE

On peut exploiter la souplesse d'un matériau tel que la peinture pour obtenir des effets insolites, comme sur cette simple table de bois. Pour commencer, on a appliqué à la brosse, avec des mouvements circulaires, une épaisse couche d'émulsion rose afin de donner un effet de surface très travaillée. Une fois sec, pour rendre la teinte plus profonde et obtenir une surface ressemblant à un cuir ancien, patiné, on a appliqué un mélange de laque glycérophtalique transparente teintée, en travaillant soigneusement les coins et les fissures du bois. Enfin, on a passé une couche de peinture acrylique or riche sur les élégants pieds torsadés afin de donner à la table un air luxueux.

Matériel

Papier de verre fin
Tissu propre
Brosse carrée
Sous-couche acrylique blanche
Brosse de décorateur, petite et douce
Émulsion vinylique mate rose
Glacis glycérophtalique
Peinture à l'huile pour artistes ombre naturelle
Siccatif
Seaux pour mélanger les couleurs
Chiffons propres
Peinture acrylique or et petit pinceau pour artistes (en option)
Vernis glycérophtalique semi-brillant
Brosse à vernir

Table peinte

Avant de peindre la table, préparez-la comme il se doit (voir pages 194 à 198). Pour lui donner un aspect lisse, poncez la surface au papier de verre fin et dépoussiérez avec un chiffon propre. Appliquez une sous-couche acrylique blanche à l'aide d'un brosse carrée et laissez sécher 4 heures.

1. Appliquez à la brosse de décorateur une épaisse couche d'émulsion rose sur la table. Pour obtenir un relief et une texture, tenez votre pinceau verticalement et donnez de légers coups sur la peinture afin de la structurer avec les poils. Lorsque vous serez satisfait du résultat, laissez sécher 24 heures minimum (la peinture doit être complètement sèche). Vous pouvez répéter l'opération avec une seconde couche si vous désirez obtenir plus de matière.

2. Teintez la laque glacis glycérophtalique à la nuance désirée avec l'huile pour artistes ombre naturelle. Ajoutez du siccatif si vous souhaitez accélérer le temps de séchage. Avec un chiffon propre, enduisez la table de laque. Pour les fissures et les coins difficilement accessibles, utilisez la petite brosse de décorateur. Pour obtenir l'effet ancien, prenez un autre chiffon propre et retirez le surplus de laque en frottant doucement la surface. Laissez sécher 24 heures sans y toucher.
Si vous le désirez, appliquez une couche de peinture acrylique dorée sur les pieds de la table à l'aide du petit pinceau pour artistes. Enfin, protégez la table avec une couche de vernis glycérophtalique semi-brillant.

LES PEINTURES SONT CONÇUES POUR OBTENIR DIFFÉRENTS EFFETS SUR DIFFÉRENTES SURFACES. CE CHAPITRE VOUS AIDERA À CHOISIR LES MATÉRIAUX EN FONCTION DE VOS BESOINS.

Répertoire des peintures et surfaces

QUE VOUS DÉCIDIEZ DE PEINDRE en intérieur ou en extérieur, trois facteurs détermineront le choix de votre peinture : la composition, le fini et la couleur. Le type de peinture à utiliser peut avoir une incidence sur vos décisions concernant les couleurs ; par exemple, les peintures spécifiquement destinées à des murs extérieurs bruts ne sont disponibles que dans un nombre limité de teintes, tandis qu'il existe une immense gamme de couleurs pour les plâtres lisses ou les boiseries d'intérieur. Le « fini » est le terme qui décrit la texture de la peinture : il peut aller d'un brillant très puissant à la douceur d'un parchemin. Le terme « composition » se réfère aux composants de la peinture – qu'elle soit acrylique, glycérophtalique ou vinylique – et détermine son temps de séchage et les effets qui peuvent être obtenus. Afin de vous aider dans vos choix, ce chapitre détaille les différents types de peintures, de solvants et d'enduits, et les types de surfaces sur lesquels ils doivent être utilisés.

Lorsque vous choisissez une finition de peinture, tenez compte des surfaces et objets avoisinants. Ici, le reflet satiné de la table lilas complète la douceur du mobilier et des murs or.

LES FINITIONS OPAQUES

La plupart des peintures de décoration standard sont opaques lorsqu'elles sont utilisées non diluées. Les versions glycérophtaliques ont généralement la consistance de la crème fraîche, alors que la plupart des émulsions vinyliques sont un peu plus épaisses. Quoi qu'il en soit, en utilisant des solvants différents (voir page 167), ces deux types de peinture peuvent généralement être diluées.

Il existe également des variétés plus épaisses, souvent étiquetées « faciles à l'emploi », qui ne coulent pas. Elles sont généralement conçues pour être utilisées avec des rouleaux ou des brosses et ne doivent pas être diluées. Pour travailler avec des techniques telles que celles des mélanges de couleurs ou des glacis, elles ne vous seront pas d'une grande utilité.

FINITIONS MATES
Ces peintures donnent un résultat sans aucun brillant ni reflet, un peu comme du papier à lettre de grande qualité ou de la peau de chamois. Le grand avantage des finitions mates est qu'elles aident à égaliser une surface irrégulière et qu'elles ne brillent pas si elles sont éclairées à partir d'un angle.

Émulsions vinyliques mates
L'émulsion vinylique mate est la plus fréquemment utilisée, mais le terme s'applique à un grand nombre de peintures de décoration vinyliques dont les textures et les qualités varient. Les émulsions sont principalement utilisées sur du plâtre et ne s'emploient pas sur le métal. Elles sont relativement bon marché, rapides à sécher, faciles à teinter et excellentes pour l'utilisation en badigeon. La surface des plâtres neufs et secs peut être scellée en posant une sous-couche d'émulsion très diluée en proportions égales, suivie par une couche non diluée. Pour la finition, on peut utiliser un autre type de peinture vinylique lorsque la première couche aura séché.

Émulsions pour plâtres neufs
Plutôt que de sceller la surface, ces émulsions, spécialement formulées pour les murs d'intérieur neufs et les plafonds, permettent à l'humidité des plâtres neufs de s'échapper. Normalement, deux couches sont nécessaires.

Émulsions monocouche
Les émulsions monocouche ont une opacité plus grande que les émulsions standards et une seule couche suffit, au lieu des deux habituelles. Néanmoins, c'est une émulsion moins souple que les autres et impossible à utiliser pour de nombreuses techniques spécifiques de peinture. Vous devrez éviter d'appliquer la peinture en couche trop fine.

Concentré glycérophtalique
Son excellent pouvoir couvrant et sa consistance produisent sans doute les finis les plus agréables à l'œil dans un intérieur. Pour obtenir un meilleur résultat, utilisez toujours une sous-couche suivie de deux couches de finition diluées au white-spirit. Le concentré glycérophtalique ne doit jamais être plus liquide que la crème fleurette. Lorsque vous peignez avec du concentré glycérophtalique, assurez-vous que tous vos derniers coups de pinceaux sont faits en direction de la source de lumière dominante. On trouve le concentré glycérophtalique chez les fournisseurs pour professionnels.

Sous-couche
C'est une peinture mate, opaque, qui donne un fond non poreux pour toutes les finitions glycérophtaliques. La sous-couche n'existe que dans un nombre très limité de coloris, mais peut être facilement teintée.

Détrempe
Souvent connue sous le nom de blanc de chaux, c'est une des formes les plus anciennes de peinture murale qui donne un résultat subtil sur les plâtres et permet de multiples textures. Elle est assez facile à retirer mais pas très résistante. La détrempe est rarement disponible dans le commerce mais les détrempes douces sont faciles à préparer et à teinter chez soi (voir page 201).

Chaux
Ressemblant à la détrempe claire-colle, on l'obtient en utilisant de la chaux éteinte à la place du blanc. On l'emploie pour décorer des murs extérieurs. Comme la détrempe, elle n'est pas particulièrement résistante ni imperméable et tend à s'effacer très facilement.

Traditionnellement utilisées sur des murs brut de chaumières, la détrempe et la chaux, donnent de très beaux résultats sur des plâtres irréguliers.
(PAGE PRÉCÉDENTE)

La détrempe donne un résultat discret, subtil, qui s'harmonise avec les textures naturelles.
(CI-DESSOUS)

FINITIONS BRILLANTES

Ces peintures ont un brillant très réfléchissant. À l'exception de quelques nouvelles peintures de décoration acryliques, elles sont presque toujours glycérophtaliques, et sont par conséquent relativement lentes à sécher.

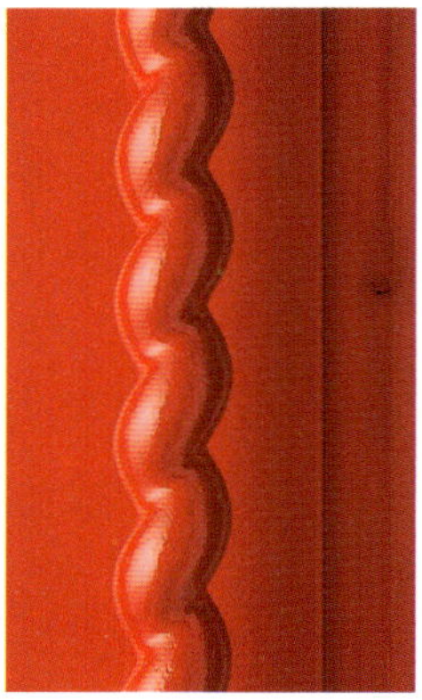

Brillant glycérophtalique

On emploie les termes « high gloss », « gloss », « semi-gloss » et « hard gloss » pour décrire différents niveaux de brillance. En général, plus le brillant est luisant, plus le résultat est durable. La peinture brillante s'utilise en intérieur et en extérieur, ainsi que sur des boiseries ou des ferronneries. Très résistante à l'eau et à la saleté, elle est facilement lavable, ce qui en fait un matériau idéal pour les cuisines et les salles de bains. La peinture brillante peut être diluée avec du white-spirit, mais ne doit jamais atteindre une consistance trop liquide. Son autre avantage est qu'elle existe dans une grande variété de couleurs.

FINITIONS SATINÉES

Ces peintures, parfois mentionnées comme « finitions soyeuses », ont un reflet doux et diffus. Elles sont douces au toucher et offrent une excellente couche de base sur laquelle d'autres effets de peinture sont possibles.

Satinée vinylique

Peinture non poreuse et séchant vite, la satinée vinylique convient à l'intérieur comme à l'extérieur, ainsi que sur les boiseries. Sur ces dernières, elle durera longtemps.
Les peintures satinées vinyliques ne doivent jamais être diluées au-delà de la consistance de la crème fleurette.

Satinée glycérophtalique

La peinture satinée glycérophtalique donne un reflet doux et raffiné aux boiseries et aux murs. Elle convient à beaucoup de techniques de mélange de couleurs (voir pages 78 à 101). Il est préférable de l'appliquer en plusieurs couches fines plutôt qu'en une seule couche épaisse. Sur le bois, mieux vaut prévoir une sous-couche.

Les finis brillants peuvent donner un résultat étonnant, surtout lorsque les couleurs sont vives. Imperméables, ils sont particulièrement adaptés aux sols. (CI-DESSUS)

FINITIONS SPÉCIALES

Ce sont des peintures de spécialistes qui conviennent pratiquement à tous les types de supports et surfaces pour lesquels la peinture standard serait inefficace.

Peinture texturée

La peinture texturée est souvent utilisée pour boucher les fissures mineures des plâtres ou des maçonneries saines. Disponible dans un grand choix de textures, la variété la plus épaisse peut couvrir des fissures allant jusqu'à 2 mm de large et doit être appliquée avec un rouleau grossier.

Peinture vinylique pour murs extérieurs

Elle convient à tous les types de maçonnerie propre et saine : brique (à condition qu'elle ait déjà été peinte), pierre, béton, ciment, crépis. On peut aussi l'utiliser sur des peintures ou émulsions pour ciment.

Peinture glycérophtalique pour murs extérieurs

Comme son pendant vinylique, cette peinture s'utilise sur toutes les surfaces de maçonnerie. Bien que son temps de séchage soit plus long, elle couvre mieux la plupart des surfaces et peut être recouverte plus rapidement que la peinture vinylique pour murs extérieurs.

Peinture pour maçonnerie armée

Cette peinture est soit glycérophtalique, soit vinylique, et s'utilise sur toutes les surfaces de maçonnerie décrites plus haut. Sa texture est plus dense et couvre moins de surface que ses homologues standards.

Peinture pour ciment

Existant sous forme de poudre à mélanger à de l'eau, c'est une peinture efficace et résistante pour des utilisations intérieures telles que les murs des caves, garages ou ateliers.
En extérieur, elle s'applique sur toutes les maçonneries saines et propres, ainsi que sur la pierre, le béton, le ciment et le crépi. Toutefois, contrairement aux peintures pour murs extérieurs, elle ne convient pas pour recouvrir des peintures ou des émulsions glycérophtaliques.
Elle est sèche au toucher en 1 ou 2 heures et donne un résultat mat. Pour la recouvrir, il faut attendre 24 heures. Généralement, il faut en appliquer deux couches, au rouleau ou à la brosse.

Une peinture mate bleu vif appliquée sur un mur de ciment est intensifiée par la lumière vive du soleil. (CI-DESSOUS)

Peinture métallique
Cette peinture, spécialement destinée à l'utilisation sur métal, contient soit du cuivre, soit de l'or, soit du bronze en poudre. Généralement appliquée pure, elle résiste à l'eau et peut

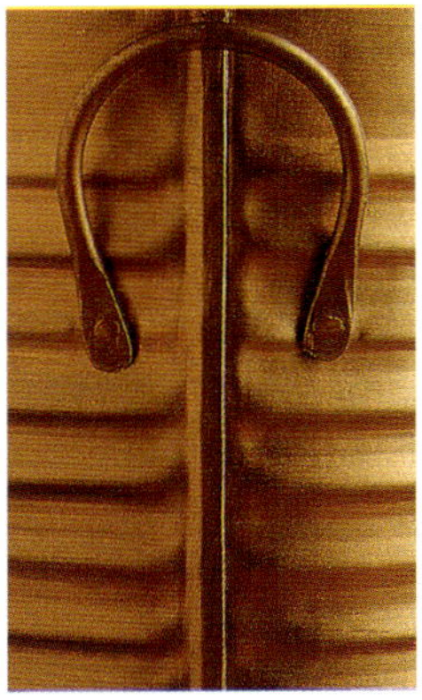

supporter des températures allant jusqu'à 100° (température d'ébullition).

Peinture à finition martelée
Elle est spécifiquement destinée à l'utilisation sur métal et laisse une surface texturée. Elle comporte des particules

d'aluminium, de verre recuit et de résines. Elle s'applique en deux couches non diluées et n'exige ni enduit ni sous-couche, même appliquée sur des surfaces rouillées. Elle existe dans une autre version ayant les mêmes particularités mais donnant un résultat plus lisse.

Peinture fluorescente
La peinture fluorescente, généralement utilisée dans l'industrie, est

également employée, pour des raisons de sécurité, sur les véhicules et les avions. À des fins de décoration, elle existe sous forme d'acrylique ou de gouache pour artistes. Cette dernière est souvent utilisée pour réaliser de vitrines, mais elle n'est pas très résistante à la lumière.

Peinture de sécurité
Il s'agit d'une peinture extrêmement glissante qui ne permet aucune prise. On l'applique à environ 2 mètres du sol.

Peinture antidérapante
Contrairement à la peinture de sécurité, elle est destinée à donner prise sur des surfaces telles que les escaliers métalliques ou les escaliers de secours.

Peinture au goudron
Cette peinture est destinée à protéger les réservoirs de stockage extérieurs et les tuyauteries de métal. Elle est souvent de couleur noire, mais il existe une gamme limitée de couleurs, ainsi qu'un dérivé contenant de l'aluminium.

Une surface de peinture métallique argentée appliquée sur un mur gris plomb sert d'écran contre les éclaboussures. La texture grossière du mur donne à la peinture une allure d'étain martelé. (CI-DESSOUS)

LES ENDUITS ET SOLVANTS

L'enduit est un agent de scellement posé sur une surface pour empêcher l'absorption ou le rejet de la peinture appliquée par la suite. Pour la majorité des surfaces n'ayant jamais été peintes, il est nécessaire d'utiliser un enduit.

Les solvants sont à la base des agents de dilution ajoutés à la peinture et aux vernis pour transformer leur consistance et leur permettre de couvrir de plus grandes surfaces. On les utilise aussi comme agents nettoyants. L'eau est le solvant de toutes les peintures vinyliques. Tous les solvants chimiques sont toxiques et inflammables : il faut faire attention en les utilisant et éviter de les inhaler ou de les mettre en contact avec la peau. Soyez vigilants avec les récipients vides ou les chiffons enduits de solvant : ils sont connus pour leur combustion spontanée s'ils sont laissés au soleil.

ENDUITS

Enduit multi-usages

On utilise cet enduit sur les plâtres anciens et les carreaux de plâtre, avant d'appliquer de la peinture glycérophtalique. Il convient au métal, à la brique, la pierre, aux enduits, au ciment, au béton, au bois, à l'aggloméré, au stratifié..., mais aussi aux radiateurs.

Enduit résistant aux alcalins

Il empêche les sels alcalins de s'attaquer à la peinture à l'huile et convient aux plâtres neufs séchés et traités, s'ils doivent recevoir une peinture glycérophtalique.

Enduit acrylique à bois

Cet enduit soluble à l'eau s'utilise sur les bois tendres et durs, les agglomérés et les stratifiés. Deux couches sont nécessaires et il faut faire très attention à la veine du bois.

Enduit standard à bois

Il remplit les mêmes fonctions que l'enduit acrylique et peut être dilué avec du white-spirit. Il sert de base à la peinture glycérophtalique.

Enduit à l'aluminium pour le bois

Spécialement destiné à l'utilisation sur bois durs huilés, il convient aussi pour toutes les boiseries extérieures.

Enduit au zinc et au phosphate

Généralement utilisé sur les ferronneries d'intérieur, il est destiné à enduire les métaux ferreux, les métaux galvanisés et l'aluminium, ainsi que les têtes de clous.

Enduit antirouille

Uniquement destiné à être utilisé en extérieur sur les métaux ferreux nus, il empêche la rouille de se former sur les métaux neufs ou s'applique immédiatement après avoir retiré la peinture ou la rouille sur un métal déjà usagé.

Enduit à séchage rapide pour métaux

L'enduit à séchage rapide pour métaux s'utilise sur tous les métaux ferreux d'intérieur ou d'extérieur, mais ne convient pas ni au métal galvanisé ni à l'aluminium.

Minium

Il est utilisé principalement pour empêcher la corrosion du fer et de l'acier. Le minium s'utilise avant l'application des peintures vinyliques ou glycérophtaliques. C'est un matériau de base utilisé couramment avant la dorure et le passage au bronze.

Enduit vinylique pour métaux

Il s'agit d'un enduit à prise rapide spécialement destiné aux métaux non ferreux.

SOLVANTS

White-spirit

On l'appelle aussi « essence minérale » ou « substitut de térébenthine ». Il dilue toutes les peintures glycérophtaliques et les vernis, sans les jaunir ni transformer leur couleur, et réduit leur temps de séchage. Pour les pinceaux et l'équipement, c'est le principal agent de nettoyage. On l'utilise aussi pour retirer la peinture sur les vêtements car il ne laisse pas de tache s'il est appliqué rapidement. Pour éliminer l'odeur d'essence, il suffit de laver le vêtement dans de l'eau savonneuse tiède.

Térébenthine

À base de résine de pin distillée, la térébenthine est largement utilisée par les artistes pour diluer la peinture à l'huile. Beaucoup plus chère que le white-spirit, elle est rarement indispensable pour la décoration. Son temps de séchage est plus long que celui du white-spirit mais elle a moins tendance à ternir les peintures à l'huile. Son odeur particulière est plaisante.

Huile de lin raffinée

À l'origine, toutes les peintures à l'huile étaient à base de lin. Aujourd'hui, en dehors des huiles pour artistes, la plupart des peintures de décoration glycérophtaliques sont en suspension dans d'autres solutions, mais l'huile de lin reste toujours fréquemment utilisée dans les techniques de glacis. Elle renforce la fluidité et la transparence des pigments glycérophtaliques en dispersant les grains, ajoute du brillant et ralentit le temps de séchage. De couleur or pâle, l'huile de lin a une odeur sucrée.

LES FINITIONS TRANSLUCIDES

La peinture de décoration n'est généralement pas translucide, à moins de beaucoup la diluer avec du vernis ou de la laque, ce qui lui donne suffisamment de « corps » pour durer. Tous les vernis et les laques sont naturellement translucides. On les emploie à la base pour protéger, mais on peut aussi les teinter avec de nombreuses peintures. Les laques glacis sont des versions plus épaisses des vernis. Elles sèchent plus rapidement et sont spécialement conçues pour pouvoir être mélangées à de la peinture.

VERNIS

Vernis glycérophtalique

Il existe en mat, semi-brillant et brillant et a généralement une teinte jaunâtre. On l'utilise sur les peintures glycérophtaliques pour les protéger. Il se teinte avec de la peinture à l'huile pour artistes ou des pigments. Il doit être mélangé soigneusement, pendant 1 à 2 minutes, avant toute utilisation. Ne jamais secouer un pot de vernis, car cela formerait des centaines de poches d'air qui provoqueraient des craquelures après application. De même, il ne faut jamais poser un vernis trop rapidement, car cela

risquerait aussi de générer des bulles d'air. Sur les murs, utilisez deux couches de vernis satiné ou brillant dilué avec du white-spirit dans les proportions de 3/3 pour 1/3. Sur les sols, le strict minimum est de trois couches, mais il est préférable d'en mettre six. Bien qu'il soit plus long à sécher, le vernis brillant donne un résultat durable.

Vernis polyuréthanne

Le vernis polyuréthanne existe en mat, semi-brillant et brillant. C'est celui qui donne le résultat le plus durable, mais il n'a pas le fini profond et doux des autres vernis. Il se dilue au white-spirit et existe dans différentes couleurs ou sous une forme presque incolore qui se teinte à la peinture à l'huile pour artistes ou aux pigments. Le polyuréthanne est sec au toucher en deux ou trois heures et peut être recouvert après cinq ou six heures, ce qui le rend très pratique pour les sols et les surfaces de travail. Évitez de laisser passer trop de temps entre les couches, car il n'adhère pas aussi bien sur une surface complètement sèche.

Vernis acrylique

Le vernis acrylique existe en mat, semi-brillant et brillant. Dans son pot, il semble laiteux mais s'il n'est pas appliqué en couches trop épaisses, il donne un résultat transparent. Le vernis acrylique ne sèche pas plus vite que le vernis glycérophtalique mais, comme il est soluble à l'eau, il devient sec au toucher beaucoup plus vite, surtout dilué. Il s'applique sur les peintures glycérophtaliques ou vinyliques sèches.

Vernis craqueleur
Il imite l'effet des peintures anciennes ou des vernis qui se sont craquelés avec le temps. Il s'agit en fait d'utiliser deux vernis différents. On applique d'abord une couche de vernis à vieillir transparent à séchage lent, puis une couche de vernis craqueleur à prise rapide. Cette dernière couche, qui se craquelle en séchant, produit des lignes fines que l'on teinte ensuite avec une cire ou de la peinture.

LAQUES

Laque glacis glycérophtalique
La laque glycérophtalique ressemble à un vernis très liquide et malléable qui produit un fini translucide. Elle se dilue au white-spirit et peut être teintée. On l'applique à la brosse ou, dans les techniques de décoration telles que les lavis, le faux marbre ou l'imitation bois, on la passe au chiffon en une ou plusieurs couches.

Laque glacis acrylique
Semblable à la laque glacis glycérophtalique, elle est plus liquide de consistance. Elle s'utilise de la même façon mais se dilue à l'eau et peut être teinte avec des pigments.

Laque craqueleuse
Il s'agit d'une laque incolore, opaque, que l'on applique entre deux couches contrastantes d'émulsion. Lorsque la couche du dessus sèche, la laque la fissure, révélant la couleur de fond. La laque transparente craqueleuse s'utilise comme le vernis craqueleur.

Le vernis craqueleur produit un réseau délicat de fines lignes qui peuvent être rehaussées par des couleurs à l'huile pour artistes.
(PAGE PRÉCÉDENTE)

Des sections de ce mur ont été recouvertes avec des couches de gesso, puis teintées avec un vernis laquant.
(CI-DESSOUS)

LES COLORANTS

Teinter veut dire modifier la couleur d'une peinture ou d'un vernis en y ajoutant un peu d'une autre couleur. On peut le faire avec de la peinture ordinaire de décoration, mais les produits pour artistes sont spécialement conçus à cet effet : beaucoup plus efficaces, de petites quantités suffisent et ils offrent un plus grand choix de couleurs. Contrairement à la peinture de décoration, ils sont rarement vendus en grandes quantités.

Pigments en poudre
Ce sont des pigments finement broyés, dont beaucoup sont dérivés d'une argile raffinée ou d'autres minéraux. Utilisés pour teinter les peintures ou les laques, ils existent dans une gamme de couleurs étendue. Ils doivent être utilisés avec précaution car leurs couleurs sont très intenses et il faut

bien les dissoudre avant utilisation. Pour faciliter l'opération, réduisez les pigments les plus grossiers à l'aide d'un pilon et d'un mortier.

Huiles fines pour artistes
Vendues en tubes chez les fournisseurs pour artistes, elles sont généralement utilisées pour la peinture à l'huile. Ce sont souvent des mélanges concentrés de pigments et d'huile de lin. Elles sont idéales pour teinter toutes les peintures glycérophtaliques de décoration, mais il faut bien les dissoudre pour éviter les traînées. Il est recommandé de mélanger d'abord le pigment dans un peu de white-spirit (ou

dans de l'huile de lin si vous désirez ralentir le processus de séchage) avec un couteau de peintre, puis d'ajouter graduellement la peinture décorative.

Peintures en poudre
À ne pas confondre avec les pigments en poudre pour artistes, les peintures en poudre sont bien plus abordables car elles contiennent énormément de mastic mélangé au pigment. Toutefois, les couleurs sont de texture plus rudimentaire et moins couvrantes.

Placa
Ces peintures solubles à l'eau existent dans une gamme de couleurs très vives mais plutôt limitée. On les utilisait au départ sur le papier ou le carton pour peindre de grandes surfaces de couleur. Elles sont moins chères et moins subtiles que la gouache, mais sont efficaces pour teinter de la peinture vinylique.

Peinture typographique
Ce sont des peintures glycérophtaliques

fluides utilisées à l'origine en typographie sur les panneaux publicitaires. Elles sont idéales pour tous les travaux précis tels que le tracé des lignes et l'imitation bois (voir pages 96-97 et 112 à 115). Elles donnent un résultat semi-brillant et existent

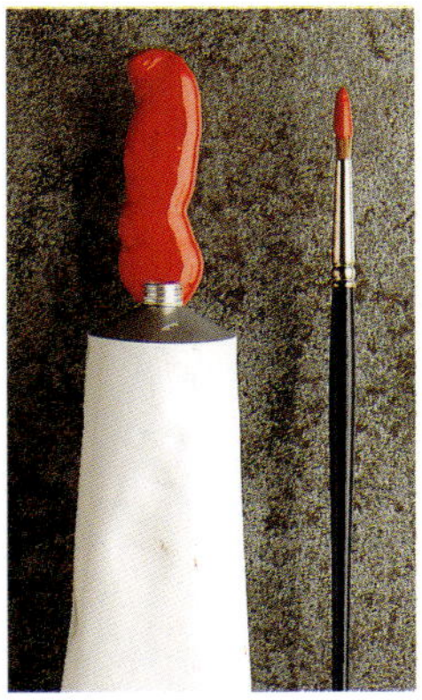

dans une gamme étendue de couleurs.

Acryliques pour artistes
Inventées en 1950, ce sont d'excellentes couleurs pour artistes, à base synthétique et solubles à l'eau. Très concentrées, elles sont généralement

translucides et existent dans une gamme de couleurs presque identique à celle de leurs équivalents glycérophtaliques. Elles sont moins chères mais leur pouvoir couvrant est moindre. Les acryliques sèchent rapidement, ce qui les rend précieuses pour des travaux précis tels que la peinture au pochoir.

Gouaches
Ces couleurs vinyliques sont largement utilisées par les artistes, les illustrateurs et les décorateurs. Elles existent dans une gamme de couleurs presque aussi grande

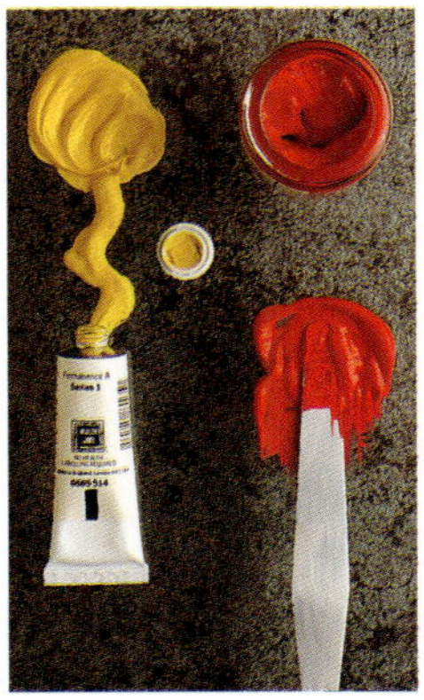

que celle des peintures à l'huile pour artistes. Elles font de très bons agents de teinture pour les peintures de décoration vinyliques et sont probablement les couleurs solubles à l'eau les plus souples.

Poudres métalliques
Elles existent en pigments en poudre, de couleurs or, argent, bronze ou

gris, et peuvent se mélanger à de la laque ou de la peinture pour donner un effet métallique concentré ou pour donner une teinte métallique à une couleur.

Colorant universel
Il s'utilise pour teindre la peinture vinylique ou la peinture glycérophtalique.

Un lavis vert océan sur un mur rehausse parfaitement un cadre de bois en vernis craquelé traité à l'essuyé.
(PAGE PRÉCÉDENTE)

Évoquant une ancienne fresque crétoise, des simples vagues dessinées à la main surmontent un panneau de jaune vif et font de la pierre de taille et du ciment un véritable décor.
(CI-DESSOUS)

LES EXTÉRIEURS

Protéger est une des principales raisons de peindre l'extérieur de votre maison, qu'il s'agisse des murs, des gouttières, des encadrements de fenêtres ou de portes. Il est vivement recommandé d'entretenir régulièrement les boiseries exposées ou les métaux ferreux et d'effectuer soigneusement tous les travaux de peinture, car le vent, l'eau et le soleil peuvent causer de réels dommages. Or, l'aspect extérieur d'une maison est esthétiquement aussi important que l'intérieur et il est conseillé de choisir vos couleurs avec soin, en tenant compte de l'âge de la maison, de son caractère et des traditions régionales.

Pour peindre en extérieur, un temps chaud et couvert est idéal. Évitez le grand soleil, dont la chaleur ferait sécher trop

rapidement la peinture qui risquerait de se rider. Les jours humides sont déconseillés, car les peintures vinyliques et glycérophtaliques seraient difficiles à appliquer.

PEINTURES

Peintures pour murs extérieurs

Glycérophtaliques ou vinyliques, elles sont pour la plupart mates ou satinées. De consistance crémeuse, proche de celle de l'émulsion, elles produisent souvent un effet de stuc. Elles s'appliquent sur des peintures glycérophtaliques ou sur des émulsions, mais risquent de ne pas bien adhérer sur ces dernières. Assurez-vous toujours que les couches de peinture précédentes sont saines et sèches. Si vous devez peindre sur de la brique, utilisez toujours de la peinture pour murs extérieurs car elle est conçue pour être moins dommageable à la structure des briques que les autres types de peinture.

Émulsions d'extérieur

Les émulsions d'extérieur vinyliques sont plus liquides et plus faciles à appliquer que les peintures pour murs extérieurs. Il en existe de nombreux types, allant des finitions mates aux variétés texturées contenant du mica ou du quartz pour suggérer le sable.

Peintures glycérophtaliques

Elles s'utilisent sur les boiseries d'extérieur. Les variétés brillantes s'appliquent sur un enduit suivi d'une sous-couche. Les peintures satinées ne doivent pas s'utiliser en extérieur, sauf mention explicite contraire. Pour obtenir une finition plus durable, appliquez deux ou trois couches fines sur l'enduit, puis une sous-couche avant de peindre la couche finale non diluée. Ne diluez pas trop la peinture et évitez de peindre directement à la lumière du soleil, car cela risquerait de la faire plisser ou cloquer. Dans les peintures glycérophtaliques de spécialistes, on trouve les peintures pour le sol, les carrelages, le béton ou la pierre, les peintures de sécurité, la peinture antidérapante et les peintures métalliques (voir page 166).

PEINTURES	SURFACES									
Enduits	Bois	Métal	Brique	Pierre	Ciment	Béton	Crépi	Peinture glycéro	Peinture à ciment	Tuyaux et gouttières
À usage général	•	•	•	•	•	•	•			
Résistant aux alcalins			•	•	•	•	•			
Acrylique et bois standard	•									
À bois aluminium	•									
Antirouille		•								
Pour métaux à séchage rapide		•								
Peintures										
Émulsion vinylique d'extérieur			•	•	•	•	•	•		
Chaux			•							
Laque glycérophtalique	•									•
Texturée			•	•	•	•	•			
Vinylique pour murs extérieurs			•	•	•	•	•	•	•	
Glycérophtalique pour murs extérieurs			•	•	•	•	•	•	•	
Pour maçonnerie renforcée	•		•	•	•	•	•	•	•	
Pour ciment				•	•	•	•			
Métallique		•								
À finition martelée		•								
De sécurité		•								
Antidérapante	•	•	•	•		•				•
Au goudron		•								

SURFACES

Maçonnerie

Toutes les maçonneries, qu'elles soient en pierre, en brique, en ciment ou en crépi doivent être soigneusement préparées avant de

commencer à les peindre. Grattez avec une brosse dure pour retirer toutes les particules. Éliminez ensuite les mousses et les moisissures avant de traiter avec un fongicide. Lavez soigneusement à l'eau et rebouchez les trous et les fissures. Pour finir, scellez la surface avec un enduit stabilisateur.
Un enduit multi-usage suffit pour les surfaces intactes.
Pour les maçonneries qui ont déjà été peintes, utilisez toujours le même type de peinture. Si vous recouvrez une peinture à l'huile, il vous faudra d'abord la nettoyer avec du décapant ou un détergent ménager. Travaillez toujours en partant du haut, pour que les produits de nettoyage ou de scellage coulent le long du mur, ce qui facilitera graduellement votre tâche.

Brique

Les ouvrages en brique, spécialement dans les vieilles propriétés, ne doivent jamais être peints car cela endommagerait la structure du mur. Toutefois, là où la brique a déjà été peinte, il vaut mieux ajouter une nouvelle couche plutôt que de tenter de décaper la vieille peinture.

Ferronnerie d'extérieur

Les ouvrages métalliques d'extérieur sont généralement à base de fer dans le

cas des gouttières, des vieilles tuyauteries et du mobilier de jardin, ou en aluminium dans le cas des encadrements de fenêtres. Il ne faut jamais peindre sur de la rouille : utilisez une brosse en fer et une raclette pour retirer la rouille et la peinture qui se détache, en écaillant la peinture jusqu'au métal avant de peindre. Le métal ferreux doit être protégé avec un antirouille. Sur les encadrements de fenêtre en aluminium, appliquez une couche d'enduit zinc phosphate.
Si la peinture existante est saine, lavez-la avec du savon noir ou une solution détergente avant de rincer et de sécher le métal. Afin de donner prise à la nouvelle peinture, poncez la peinture brillante à la toile émeri fine, puis appliquez une sous-couche et finissez avec de la peinture glycérophtalique.

Tuyaux et gouttières

Avant de peindre les gouttières en fonte, préparez-les. Commencez par brosser toutes les feuilles et débris avant de laver pour nettoyer à fond. À l'intérieur, appliquez une couche de peinture. Si vous peignez sur une ancienne peinture au goudron, utilisez d'abord un enduit à l'aluminium pour qu'elle ne perce pas sous la nouvelle couche. Les gouttières et les tuyaux en plastique doivent être lavés et séchés avant d'être peints avec une peinture d'extérieur, glycérophtalique ou acrylique.

Mobilier de jardin en métal

Si vous peignez de la ferronnerie ouvragée, commencez par retirer l'ancienne peinture avec un décapant chimique (voir pages 197-198). Si l'objet est transportable, une autre possibilité est de le faire sabler dans le commerce ou de faire appel à un décapant industriel. Une fois nettoyé, peignez-le à l'antirouille.

Boiseries extérieures

Les boiseries neuves doivent être poncées, traitées avec un protecteur puis avec un enduit compatible.
Après les avoir enduites, remplissez toutes les crevasses avec un enduit à bois, puis faites suivre d'un enduit. Vous pouvez utiliser de l'enduit à usage général, standard, acrylique ou à bois, mais sur un bois dur et huilé, choisissez plutôt un enduit aluminium pour bois. Si le bois a déjà été peint, lavez-le avec un détergent domestique, rincez, puis poncez-le doucement ou enduisez-le de décapant pour donner prise à la nouvelle peinture. Idéalement, il faut appliquer de l'enduit, une sous-couche et deux couches de laque glycérophtalique.

Fenêtres

Les petites fenêtres paraîtront plus

grandes si on utilise de la peinture blanche sur les encadrements et les bords intérieurs. Peindre les barreaux d'une fenêtre de la même couleur que son cadre rendra une fenêtre basse plus

haute, alors que des barreaux peints de couleur contrastée la feront paraître plus large. Les fenêtres à guillotines à petits panneaux et les fenêtres à motifs, telles que les impostes au-dessus des portes, ont meilleure allure lorsque le bois est peint en blanc ou d'une couleur vive. Les fenêtres à un seul panneau font plus d'effet si on les peint d'une couleur profonde telle que le vert sombre, le brun ou le noir.

Portes

On peut peindre les portes de devant en les assortissant aux

fenêtres, gouttières et balustrades, ou bien d'une seule couleur contrastante. Les portes de côté, celles de garage et les panneaux de cave ont plus d'allure s'ils sont peints de la même couleur que les murs. Les portes vitrées, telles que les fenêtres françaises, doivent être de la même couleur que les encadrements de fenêtres. À moins de choisir le blanc, peignez les portes d'une autre couleur que le cadre, pour éviter une impression de vide où l'on ne peut discerner ni forme ni détail.

Volets

Que les volets soient horizontaux ou verticaux, travaillez toujours de haut en bas en peignant la bordure du dessous (ou la bordure de côté pour un panneau vertical) avant la partie frontale. Faites attention de bien recouvrir toutes les veines du bois qui sont exposées, car elles sont plus absorbantes et nécessitent une protection. Essayez de travailler avec une largeur de pinceau suffisante pour éviter les marques de jointure.

Un stuc ocre est accentué par les pierres d'angle, les corniches peintes en crème et les volets verts pâles. (CI-DESSUS)

Peindre d'une même couleur les portes et les volets est une pratique traditionnelle qui crée une symétrie élégante. La ligne noire à la base du mur joue un rôle fonctionnel car elle cache la poussière et les inévitables coulures de la pluie. (PAGE PRÉCÉDENTE, EN BAS)

LES INTÉRIEURS

On parle souvent de la peinture d'intérieur en termes de « décoration » car si elle a, comme la peinture d'extérieur, une fonction de protection, elle offre beaucoup plus de possibilités d'expérimentations dans les motifs et les couleurs. Nous choisissons les peintures d'intérieur pour des raisons pratiques, mais aussi esthétiques, d'où le vaste choix de variétés existantes, qui va de la peinture monocouche épaisse « facile à l'emploi » aux pigments pour artistes.

Commencez toujours par faire les réparations nécessaires. La peinture peut faire beaucoup mais il n'est pas de son ressort de réparer une structure endommagée. Débarrassez le plus de meubles possible et recouvrez les autres de tissus. Ôtez les tapis et vaporisez de l'eau sur le sol pour faire retomber la poussière et la rendre facile à balayer. Avec des tissus, protégez les carrelages, les parquets et les moquettes.

Dans la plupart des cas, il est préférable de travailler dans un endroit bien ventilé, mais faites attention aux courants d'air qui feraient voler la poussière. Ne jamais fumer en travaillant : la plupart des peintures et des solvants sont hautement inflammables. Évitez de porter de la laine, car les filaments qui volent ont l'insidieuse habitude de venir se coller sur ce que l'on vient de peindre.

PEINTURES

Émulsion d'intérieur

Utilisées couramment pour les plâtres, toutes les émulsions ont l'avantage d'être faciles à utiliser et rapides à sécher.

Peintures glycérophtaliques

Les peintures glycérophtaliques se différencient des peintures vinyliques en ceci qu'elles sèchent plus lentement, couvrent une surface plus grande et peuvent être travaillées plus longtemps. La souplesse des concentrés glycérophtaliques, des sous-couches, des textures satinées et semi-brillantes permet de réaliser des peintures simples et durables, mais aussi la plupart des techniques de mélange de couleurs et de trompe-l'œil utilisées dans la décoration d'intérieur.

Laques glycérophtaliques

Elles sont conçues à l'origine pour les boiseries ou la ferronnerie. La laque glycérophtalique a une grande durabilité, même si elle a tendance à s'écailler. Elle doit être soigneusement posée à la brosse sur une surface enduite et recouverte d'une sous-couche. Appliquez la peinture avec parcimonie, en donnant des coups de pinceaux qui se croisent. Pour les touches finales, appliquez-la toujours dans la même direction. Peignez la couche suivante dans une autre direction afin d'éviter de créer un

PEINTURES	SURFACES									
Enduits	Bois	Métal	Plâtre	Papier peint	Brique	Pierre	Béton	Radiateurs	Objets blancs	Peinture
À usage général	•	•	•		•	•	•	•		•
Résistant aux alcalins			•		•	•	•			
À bois acrylique et standard	•									
Zinc phosphate		•								
À séchage rapide pour métal		•								
Finitions mates										
Sous-couche	•	•	•	•	•	•	•			
Émulsion vinylique mate			•	•	•	•	•			
Émulsion pour plâtres neufs			•	•	•	•	•			
Émulsion monocouche			•		•	•	•			
Concentré glycérophtalique	•	•	•	•	•	•	•	•		•
Détrempe			•							
Peinture pour ciment			•		•	•	•			
Finitions brillantes et semi-brillantes										
Laque glycérophtalique	•	•	•							•
Laque acrylique à séchage rapide	•									•
Émail pour baignoires		•							•	
Peinture à sols	•					•	•			
Finitions satinées et soyeuses										
Satinée à l'eau/ Soyeuse vinylique	•		•	•	•	•	•			•
Satinée glycérophtalique	•		•							
Satinée industrielle	•		•							
Émail pour radiateurs								•	•	•
Peinture antidérapante	•	•			•	•	•			•
Finitions métalliques										
Peinture métallique	•	•								
Peinture à finition martelée		•								

effet de trame. Sur le bois, la couche finale doit suivre la direction des veines.
La laque est rarement utilisée sur les murs d'intérieur, sauf si elle est appliquée avec soin et si les surfaces sont parfaitement lisses.
Dans certains cas, une finition laquée sur un mur peut avoir un aspect étonnant, mais les meilleurs résultats seront obtenus si vous appliquez une peinture satinée – de préférence à une peinture mate – suivie d'une couche de vernis brillant. C'est techniquement plus simple à réaliser.

Peintures métalliques
Ces peintures sont spécialement conçues pour être utilisées sur le métal ou pour lui ressembler. Elles incluent : l'émail pour radiateur, qui a ses propres solvants ; l'émail pour baignoire qui, comme l'émail pour radiateur, peut être utilisé sur des objets blancs tels que les réfrigérateurs ; la peinture métallique colorée avec un reflet métallique contenant du cuivre, du bronze ou de la poudre d'or ; et les peintures à finition martelée, contenant de l'aluminium, du verre et des résines, qui n'ont pas besoin de sous-couche sur les surfaces métalliques.

Émail pour radiateur
Cette peinture, généralement de base acrylique, existe sous forme satinée et brillante. Elle peut s'utiliser sur des peintures brillantes ou des émulsions, à condition qu'elles soient anciennes et qu'elles n'aient pas été poncées.

Émail pour baignoire
C'est un vernis glycérophtalique conçu pour couvrir l'émail des baignoires, mais qui n'existe que dans un choix limité de couleurs et ne doit pas être trop dilué. Assurez-vous que la surface à recouvrir est propre, sèche et exempte de toute graisse avant d'appliquer deux couches au pinceau, en passant la deuxième couche dans une direction opposée à la première. Cette peinture sèche lentement et il vous faudra attendre de 16 à 24 heures avant de poser la couche suivante.

Peinture pour sols
Cette peinture, généralement glycérophtalique, est très résistante et convient pour le béton, la pierre, les bois composites et le carrelage. Deux couches suffisent habituellement, mais il se peut que vous ayez besoin de plus en fonction de la porosité de la surface à peindre. Les surfaces doivent être nettoyées, débarrassées de toute trace de graisse avant application.

SURFACES

Les plâtres
Les plâtres neufs doivent être enduits avant d'être peints. Si vous utilisez une peinture glycérophtalique, commencez par appliquer un enduit résistant aux alcalins, suivi de plusieurs couches diluées de concentré glycérophtalique ou de peinture satinée.

Papiers peints
Il est préférable d'éviter de peindre sur du papier peint mais, si vous devez le faire, assurez-vous qu'il adhère bien au mur. Vous pouvez utiliser de la peinture glycérophtalique, de l'émulsion ou de l'acrylique, mais cette dernière risque de faire ressortir le grain du papier.

Boiseries d'intérieur
Toutes les boiseries d'intérieur qui ont été décapées, des plinthes aux tables de salle à manger, doivent être enduites avec un enduit à bois standard ou acrylique. Ensuite, vous pouvez les peindre avec des peintures glycérophtaliques – mates, satinées ou brillantes – ou acryliques (n'oubliez pas que pour les peintures glycérophtaliques, il vous faudra passer une sous-couche). Toutes les boiseries déjà recouvertes d'une peinture saine doivent être lavées à fond avec un détergent. Poncez-les légèrement si le résultat doit être satiné ou brillant. Vous pouvez avoir besoin d'une sous-couche si la nouvelle couleur diffère par trop de la précédente.
La plupart des boiseries d'intérieur ont meilleur aspect avec un fini satiné, car la peinture trop brillante peut avoir un effet étouffant. Néanmoins, un vernis brillant appliqué sur une finition satinée assombrira la couleur et lui apportera de la profondeur. Les acryliques vinyliques pour artistes conviennent au bois, mais leur consistance

n'est pas la même que celle des huiles fines pour artistes et l'effet produit sera différent.

Métaux

La ferronnerie d'intérieur ne doit pas être recouverte avec de l'émulsion, qui risquerait de faire rouiller le métal et de s'écailler très rapidement. Le métal doit être poncé, séché et toute trace de rouille retirée avant d'être peint. L'aluminium et les métaux galvanisés, à condition d'être à l'intérieur, doivent être recouverts d'un enduit zinc phosphate puis d'une sous-couche glycérophtalique, et seulement ensuite des couches de peinture. Les métaux ferreux doivent être recouverts d'un enduit antirouille ou d'un enduit à séchage rapide pour métaux avant de recevoir une sous-couche glycérophtalique, puis finalement les couches de couleur. (Notez que ces enduits ne conviennent que pour les métaux ferreux). Évitez de peindre tout ce qui est à base de chrome ou de cuivre : ce serait une perte de temps car la peinture ne tiendrait pas longtemps.

Radiateurs

Si les radiateurs ont été recouverts

d'émulsion, ils n'ont pas besoin d'être poncés avant de recevoir l'émail pour radiateurs, les concentrés glycérophtaliques ou les peintures satinées. En règle générale, tous les radiateurs fixes doivent être peints une fois posés et encore froids. Si vous utilisez des émaux spéciaux, suivez toujours les instructions du fabricant.

Tuyauteries

Tous les types de tuyauterie doivent être peints dans le sens de la longueur plutôt qu'en travers. Sur les tuyaux de métal, la première couche a tendance à faire des traînées et vous aurez besoin de deux ou trois couches au minimum. Si vous utilisez de l'émail pour radiateur sur des tuyaux de radiateurs, rallumez le chauffage aussitôt après avoir appliqué la peinture. Avec les autres types de peinture glycérophtalique ou métallique, attendez que la peinture ait durci.

Baignoires

L'intérieur d'une baignoire doit être recouvert de deux couches d'émail pour baignoire.

Ce lavis rose a été réalisé afin de donner un effet doux, discret, qui n'écrasera pas les délicats ornements de verre et de métal disséminés au premier plan. (CI-DESSUS)

Une remarquable utilisation de rayures parallèles. La couleur beige intercalée entre le noir et le blanc adoucit l'effet final et empêche le sol de dominer l'ensemble du couloir. (PAGE PRÉCÉDENTE, EN BAS)

CARRELAGE, CÉRAMIQUE, VERRE, PLASTIQUE ET TISSU

L'utilisation de la peinture ne se limite pas aux murs, sols et plafonds d'une pièce. Dans vos projets décoratifs, vous pouvez aussi inclure des matériaux tels que le carrelage, le verre et le tissu. À condition que vous ayez convenablement préparé leur surface à l'avance, les rideaux, les stores, les abat-jour, les fenêtres et les céramiques sont des candidats possibles pour tous les effets de peinture.

Pour travailler sur ces matériaux, les possibilités sont pratiquement sans limite et permettent une grande créativité, mais il sera plus prudent d'essayer vos effets de peinture ou vos motifs sur un morceau de papier ou de carton. En règle générale, ce type de décoration doit rehausser plutôt que dominer le décor d'une pièce. Les peintures spécifiquement conçues pour chacune des surfaces sont disponibles chez les bons fournisseurs pour artistes.

PEINTURES

Émaux décoratifs acryliques

Les émaux décoratifs acryliques peuvent être appliqués sur le verre, le carrelage, la céramique, le métal enduit et le marbre. Ils sont solubles à l'eau et peuvent être mélangés à des vernis vinyliques pour spécialistes à forte brillance. Ils procurent un résultat brillant et ne se délaveront pas sur la céramique, à condition que la surface soit cuite. Néanmoins, les émaux décoratifs acryliques ne doivent jamais être utilisés sur une surface amenée à être en contact avec la nourriture et ne conviennent pas aux endroits très sollicités tels que les sols carrelés. Ils sont destinés à décorer un objet plutôt qu'à le protéger.

Peintures pour carrelage

Il existe d'excellentes peintures destinées à être utilisées sur les carrelages. Pour peindre les carrelages au sol, les peintures pour sols sont nécessaires (voir page 178), mais les peintures glycérophtaliques pour céramique et les émaux acryliques pour artistes peuvent être utilisés pour les carrelages des murs et des plans de travail d'une cuisine, dans la salle de bains ou sur une cheminée.

Peintures pour tissus

Il s'agit de teintures solubles à l'eau et destinées à décorer les tissus de coton ou de lin. Elles existent dans une gamme variée de couleurs et se trouvent chez les fournisseurs pour artistes. Elles sont appliquées à froid sur le tissu puis fixées au fer à repasser tiède, afin de « sceller » la teinture dans la trame.

SURFACES

Carrelages et céramiques

Avant toute chose, les carrelages doivent être lavés à fond et séchés avec un tissu sec et doux. Si vous utilisez une peinture glycérophtalique, appliquez d'abord une couche d'enduit pour carrelage. Les émulsions et autres peintures vinyliques ne conviennent pas

aux carrelages. Pour peindre les contours des motifs, utilisez de la craie ou un crayon à mine de plomb. Évitez d'appliquer la peinture en couches trop épaisses, cela risquerait de créer des bulles lorsque le carrelage sera cuit. Appliquez deux couches de vernis très brillant et laissez sécher avant de cuire. Préchauffez le four à 160° C et laissez cuire 40 minutes dans un espace bien ventilé. Chauffer les carreaux à une température plus élevée occasionnerait des vapeurs toxiques.

Verre

Lavez le verre avec un nettoyant pour vitres et séchez avec un chiffon doux et sec. Ni la peinture glycérophtalique ni l'émail n'ont besoin de sous-couche, mais ils ne doivent être utilisés que sur des surfaces d'intérieur. Le motif peut être dessiné au crayon graphite doux et repassé à la peinture, ou encore être peint directement sur le verre en recopiant le motif original que l'on aura glissé derrière. Il peut être plus facile d'utiliser du ruban adhésif gaufré autour des bords droits du motif.

Plastiques

Tous les plastiques doivent être

parfaitement lavés avant d'être peints. Un détergent domestique ordinaire devrait suffire. Séchez au chiffon doux et sec puis appliquez de la peinture glycérophtalique ou de l'acrylique.

Tissus

Beaucoup de tissus peuvent être peints s'ils sont correctement enduits. Les canevas peuvent recevoir toutes sortes de peinture, à l'exception des aquarelles (à distinguer des

peintures vinyliques), à condition d'appliquer deux couches d'enduit acrylique ou glycérophtalique pour artistes. La surface doit être entièrement sèche et poncée entre les couches. La toile de jute, le lin et le métis doivent être recouverts d'un enduit acrylique ou de deux fines couches d'émulsion. Si vous utilisez de la peinture glycérophtalique, appliquez une faible solution de colle vinylique ou glycérophtalique tiède pour artistes spécialisés.

Quelques éléments décoratifs sont parfois suffisants pour animer toute une pièce. Ici, un tapis en trompe-l'œil apporte une touche de couleur, tandis qu'un banal placard en vinyl est ravivé par un motif abstrait de cercles et de traces de pinceaux. (CI-DESSUS)

Un tapis en trompe-l'œil, peint en blocs de couleurs vives sur un parquet de bois naturel poli, donne un résultat étonnant. (PAGE PRÉCÉDENTE)

CE CHAPITRE VOUS DONNE DES CONSEILS PRATIQUES DE BASE. COMMENT ACHETER ET UTILISER LES MEILLEURS OUTILS ET PEINTURES VENDUS DANS LE COMMERCE, PAR EXEMPLE, OU COMMENT PRÉPARER DIVERS TYPES DE SURFACES POUR OBTENIR LES RÉSULTATS LES PLUS SATISFAISANTS.

Conseils pratiques

LES PROBLÈMES LES PLUS FRÉQUENTS auxquels le peintre décorateur doit faire face sont liés à une mauvaise préparation des surfaces, à des peintures inadaptées, à des achats en quantité insuffisante, au manque de temps pour réaliser un projet ou encore à de mauvais outils. Ces erreurs de planification peuvent être aisément évitées en prenant le temps de se familiariser avec les outils et les matériaux avant de commencer. Dès que vous aurez décidé de votre schéma d'ensemble, recherchez la peinture qui sera la plus durable et la plus facile à appliquer en fonction du résultat souhaité. Quand vous calculerez la quantité nécessaire, mieux vaut voir grand que risquer d'être frustré et incapable d'achever ce que vous avez entrepris. Ajoutez au moins un tiers de temps à vos prévisions les plus strictes : la plupart des travaux de décoration durent plus longtemps qu'on ne le pense. Enfin, souvenez-vous du vieil adage qui dit que trop de hâte ralentit.

Les textures variées de ce vestibule – bois brut et mat de la porte d'entrée, portes satinées à l'intérieur, chatoiement du sol et murs mats – met en valeur les combinaisons de coloris.

L'ÉQUIPEMENT

Brosses

Les brosses sont fabriquées avec des poils, des soies animales ou des fibres synthétiques. Si la plupart peuvent servir pour différentes tâches, certaines sont réservées à des usages spécifiques, comme les brosses à vernir pour lesquelles il n'existe aucun substitut.

BROSSES DE DÉCORATEUR

D'ordinaire, on peint les plâtres et la maçonnerie extérieure avec des brosses plates de 100 à 125 mm de large. Les brosses aux soies grossières sont employées pour la peinture en bâtiment, tant à l'intérieur qu'à l'extérieur.

Pour peindre les boiseries et les meubles, vous aurez besoin de brosses plus petites, d'une largeur de 50 à 75 mm. Vous les tiendrez comme un crayon, entre le pouce et les doigts.

Pour les surfaces délicates à peindre comme les cadres de fenêtres, les plinthes et les moulures, il vous faudra une brosse plus fine, de 25 mm ou moins. Les brosses coupées en biais conviennent parfaitement pour traiter des endroits difficiles.

BROSSES À VERNIR

Ces brosses aux soies dures sont soit plates, pour éviter les traînées, soit légèrement arrondies. On réserve les brosses plates aux grandes surfaces planes, tandis que les autres conviennent mieux pour vernir les moulures ou les meubles, les rampes d'escalier, les coffres et les commodes. Vous pouvez peindre avec toutes les brosses à vernir. En revanche, ne vous avisez pas de vernir avec une brosse ordinaire, encore moins avec une brosse en soies naturelles. La plupart des brosses à peindre sont trop grossières et donneraient un vernis irrégulier ; quant aux brosses en soies animales, elles tendent à perdre leurs poils et à les laisser dans le vernis.

QUEUES DE MORUE ET SPALTER

Les queues de morues sont des brosses grossières que l'on utilise pour donner de grands coups de pinceau, pour adoucir les lignes trop définies et ajouter de la texture. Les spalters ressemblent aux queues de morue et servent à produire des effets de lignes parallèles. Ces deux types de brosses possèdent des qualités inestimables pour les techniques d'imitation du bois et pour celles qui font intervenir les glacis.

Brosses de décorateur

Queues de morue

BROSSE À POCHOIR
Les brosses à pochoir ont des soies courtes et dures. Elles sont idéales pour peindre à travers un pochoir.

BROSSE HERMÉTIQUE
Ce sont des brosses carrées en forme de bloc, utilisées pour floquer les glacis et les vernis et donner une texture à la peinture.

BROSSE À BADIGEON ET BLAIREAUX
On les utilise sèches pour lisser les traces de pinceau sur les glacis et les laques glycérophtaliques ou à l'eau, ainsi que pour l'imitation bois. Elles peuvent être remplacées par une grosse brosse à dépoussiérer.

PINCEAUX À TABLEAUX
On les trouve dans tous les matériaux, formes et tailles. Il est conseillé de bien les choisir avant de peindre des détails, surtout pour les imitations de bois, de marbre et pour les trompe-l'œil. Les formes les plus utiles sont les brosses plates, les brosses carrées, les brosses en forme de burin ou effilées. Les meilleures sont faites en poil de martre : elles retiennent beaucoup de peinture et permettent un contrôle parfait des coups de pinceau.

PINCEAUX FINS
Souvent utilisés par les calligraphes, ils sont excellents pour tracer des lignes et imiter le bois. Leurs longues soies souples retiennent davantage de peinture que les autres brosses d'artistes et permettent de tracer facilement des lignes bien droites.

BROSSES À FINITIONS
Ce sont des brosses de plus petite taille, en soies de porc. On les utilise surtout avec les peintures glycérophtaliques pour tracer des lignes, peindre les moulures, moucheter et autres techniques requérant un travail délicat.

Rouleaux

Les principaux atouts des rouleaux sont leur rapidité et leur aptitude à donner des surfaces texturées. Leur inconvénient est que, si vous travaillez trop vite, l'application de peinture sera superficielle. Les rouleaux ne conviennent pas pour les peintures brillantes car celles-ci risquent de se détacher par lambeaux entiers après séchage. Si vous travaillez sur un support lisse, utilisez un rouleau à poils courts. Prenez un rouleau à poils moyens pour les plans légèrement texturés, et à poils longs pour les surfaces ondulées. Les manches faciliteront la peinture des plafonds et des parties hautes des murs.

L'erreur la plus fréquente est de surcharger un rouleau : la peinture gicle alors du cylindre à chaque rotation, ce qui forme des bulles sur la surface peinte. Pour éviter ce problème, prenez un bac à rouleau ayant un plan incliné strié (les stries empêchent les empâtements). Nettoyez le rouleau avec le solvant adéquat après usage, lavez-le ensuite à l'eau savonneuse tiède et accrochez-le pour le sécher. Si vous devez interrompre votre travail pendant un certain temps, conservez-le humide dans un sac de plastique.

Tampons

Ce sont des éponges cellulaires rectangulaires, montées sur une pièce de bois ou de plastique et destinées à appliquer la peinture dans les zones difficiles d'accès. Malheureusement, les tampons tendent à ne laisser qu'une couche trop fine et superficielle. Tout comme pour les rouleaux, évitez de les surcharger. Les tampons se nettoient de la même manière que les rouleaux et restent humides quelque temps si on les range dans des sacs de plastique. Les tampons ne conviennent pas pour les peintures brillantes.

Seaux à peinture

Ce sont des seaux en plastique ou en métal dans lesquels vous pourrez décanter de petites quantités de peinture. Vous y conserverez les restes de peintures dans leurs pots en les couvrant pour empêcher qu'une peau se forme à la surface. Si vous utilisez les seaux pour peindre, faites attention à ne pas immerger la brosse jusqu'au manche. Ne plongez que les pointes de votre brosse, puis ôtez l'excédent en pressant légèrement les brosses sur les parois du seau. Évitez d'essuyer la brosse sur le bord, car des dépôts risquent de tomber dans la peinture et de faire des grumeaux. Nettoyez régulièrement l'intérieur de votre seau.

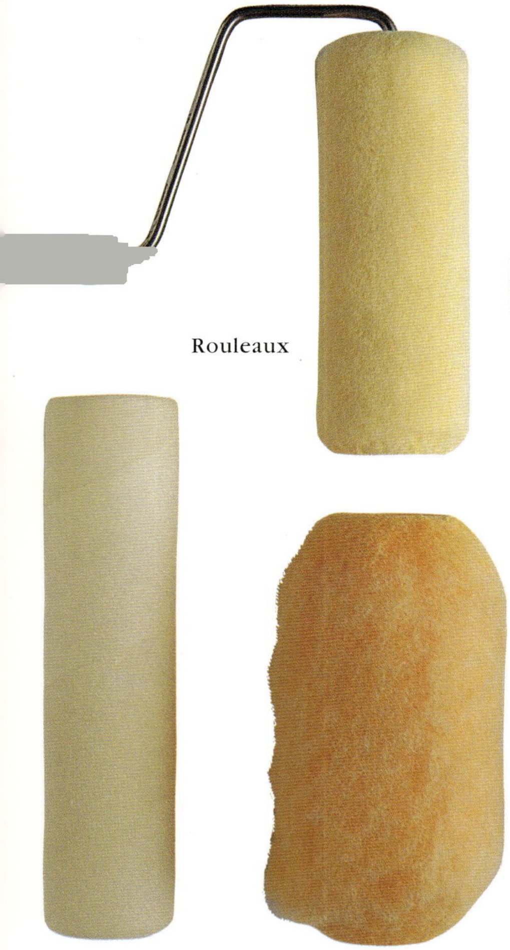

Rouleaux

Seau à peinture

Tampon

Achat des brosses

Vous ne ferez pas d'économie pas en achetant des brosses bon marché. Elles perdent continuellement leurs poils. De plus, elles se déforment et abîment la surface peinte. Les brosses de bonne qualité peuvent servir des années si elles sont bien entretenues.

Lavez toujours vos brosses neuves avant usage. Après le lavage, faites tourner le manche entre vos paumes pour égoutter l'eau, rincez au white-spirit et égouttez de nouveau. Reformez la brosse à la main avant de la faire sécher. Pour roder une brosse neuve et éliminer tous les poils mal fixés, utilisez-la d'abord pour les travaux préparatoires plutôt que pour les finitions.

Nettoyage des brosses

Nettoyez les brosses ayant servi pour des peintures glycérophtaliques au white-spirit, puis lavez-les dans l'eau savonneuse tiède. Rincez et reformez-les, puis faites-les sécher en les accrochant par le manche. Ne laissez jamais les brosses humides les pointes en l'air car les restes de peinture risquent de s'infiltrer à la base, de se solidifier et de séparer les soies.

Rincez à l'eau froide les brosses ayant servi pour des peintures à l'eau, puis lavez-les à l'eau savonneuse tiède, rincez-les encore une fois, reformez-les et faites-les sécher en les accrochant par le manche.

Rangez les brosses à plat dès qu'elles sont complètement sèches.

Si vous utilisez des peintures glycérophtaliques, vous entreposerez provisoirement vos brosses en les suspendant dans un pot contenant une moitié d'huile de lin brute et une moitié de white-spirit. Pour cela, percez un petit trou au bout de chaque manche et enfilez une ficelle pour accrocher la brosse. Couvrez le récipient pour éviter le contact avec l'air et la poussière. Avant de réutiliser vos brosses, rincez-les au white-spirit, essorez-les et enfermez-les dans un sac en plastique.

Décapants pour peintures

BRÛLEURS

Brûler les vieilles peintures est un procédé souvent plus rapide que de les ôter avec des décapants chimiques. Toutefois, vous risquez de fissurer les maçonneries ou les plâtres si le brûlage n'est pas effectué dans les règles. Les brûleurs sont moins polluants que les décapants chimiques, mais n'oubliez pas que les peintures au plomb peuvent émettre des vapeurs toxiques et que les peintures glycérophtaliques appliquées sur du bois prennent facilement feu.

Les torches à brûler comportent généralement un bec adaptable fixé sur une cartouche de gaz. Elles sont munies d'un dispositif permettant de régler la taille et l'intensité de la flamme.

Étant donné que l'on dispose actuellement d'un outillage plus performant, les lampes à brûler sont souvent considérées comme surannées. Ces lampes fonctionnent habituellement à la paraffine ou au pétrole, et leur flamme est moins chaude que celle des torches. Par ailleurs, elles ont tendance à s'éteindre ou à exploser et il faut les recharger souvent. Vous risquez de mettre le feu si vous tenez la flamme trop près de la surface. Toutefois, elles présentent l'avantage d'être bon marché.

Les brûleurs à air envoient de l'air chaud dans un tube flexible. Ils sont faciles à régler et à contrôler et leurs poignées sont isolées. Plus sûrs que les brûleurs à flamme, ces appareils peuvent être utilisés sur toutes les surfaces. Même si les torches sont plus rapides, le brûleur à air chaud ne desséchera pas le bois.

Les ponceuses électriques existent en plusieurs tailles. Elles sont très utiles pour traiter les surfaces et objets comportant des détails, comme les chaises aux pieds tournés. En revanche, leurs mèches, souvent de petite taille, n'ont aucun intérêt sur les grandes surfaces.

DÉCAPANTS CHIMIQUES

On les utilise pour enlever les peintures posées sur le bois, le plâtre, les tuiles, le carrelages ou le métal, sans attaquer la surface. Évitez le contact avec la peau en portant des gants et des vêtements de protection. Les décapants chimiques pouvant abîmer les vêtements et les cuirs, faites attention à ce qu'ils ne gouttent pas sur les matelassés ou les chaussures. Il existe deux sortes de décapants chimiques : à base alcaline et à alcool.

Les décapants alcalins, plus rapides et plus puissants, sont souvent utilisés par les décorateurs professionnels. Ils agissent en ramollissant la peinture qui, en se boursouflant, devient plus malléable et se gratte facilement. Toutefois, ils peuvent modifier les veines du bois et sont plus difficiles à rincer que les autres décapants. Comme ces produits sont toxiques quand on les inhale, veillez à toujours travailler dans des pièces bien aérées, portez un masque et des gants de protection.

Les décapants à l'alcool sont moins puissants que les alcalins et leur usage est plus sûr à la maison. Toutefois, mieux vaut prendre les mêmes précautions. Les décapants à l'alcool sont plus faciles à laver que les alcalins et certains peuvent être employés sur les matières plastiques.

Outils à lames

SPATULES

Les spatules flexibles à lame large ou étroite conviennent très bien pour décaper les surfaces planes, le bois et le plâtre. Appliquez la lame presque à plat contre la surface pour éviter de l'endommager.

Les spatules peuvent également être utilisées pour masquer certains endroits pendant que vous peignez. Pour cela, tenez la lame sur la surface que vous voulez protéger – par exemple une plinthe – et peignez en faisant glisser la spatule.

GRATTOIRS

Ce sont soit des outils à tête triangulaire perpendiculaire au manche, soit des grattoirs à usages multiples avec des lames courbes. Les premiers sont employés pour travailler dans les coins, les seconds servent plutôt à décaper les zones incurvées et les moulures.

TOURNEVIS PLATS

Ils sont excellents pour ouvrir les pots de peinture, à condition de les glisser tout autour du couvercle. Évitez de tirer sur le couvercle à un endroit précis car vous pourriez le déformer ou le faire sauter.

COUTEAUX DE PEINTRE

Les artistes utilisent ces outils à lame flexible en acier pour mélanger les peintures et les siccatifs. Les couteaux ont la forme d'une longue spatule fine et sont destinés à mélanger les pigments avec un médium à l'huile. On peut utiliser certains couteaux en forme de truelle pour peindre.

Couteaux de peintre

Spatules

Grattoirs

Fil à plomb   Niveau à bulle

Mètre ruban métallique

Outils de mesure et de marquage

NIVEAU À BULLE
Il s'agit d'une baguette en bois ou en métal ayant en son centre une canule contenant de l'alcool. La bulle de liquide se trouve au milieu de la canule dès que l'on a déterminé l'horizontale.

FIL À PLOMB
C'est une cordelette munie d'un poids en plomb à son extrémité. Il sert à déterminer la verticale.

MÈTRE À RUBAN MÉTALLIQUE
Ce mètre est très utile pour mesurer des grilles parce qu'il ne se déchire pas, ne fait pas de nœuds et reste relativement tendu.

RÈGLE EN ACIER
C'est un outil idéal pour couper droit.

LATTES
On peut utiliser tous les objets rigides ayant un bord bien droit pour se guider au moment du marquage ou pour peindre des lignes droites.

Matériaux abrasifs

LAINE D'ACIER
Il en existe plusieurs sortes, de la plus fine à la plus grossière. Elle s'emploie à sec et imbibée d'eau ou d'huile. Elle est très efficace pour décaper les peintures et polir des plans lisses, comme l'acier galvanisé ou l'aluminium, ainsi que pour préparer les surfaces destinées à être peintes à l'huile.

LAINE DE BRONZE
Elle a les mêmes usages que la laine d'acier, mais on l'utilise surtout pour préparer les surfaces devant être peintes avec des émulsions car elle tend à perdre des particules qui risquent de se mélanger à la peinture et provoquer des taches de rouille.

PAPIER DE VERRE
Il est d'abord destiné à poncer le bois et à ôter la peinture sèche. Il existe en plusieurs tailles allant du plus fin (00) au plus gros. Frottez si possible le papier de verre en tournant.

TOILE ÉMERI
Ce matériau est idéal pour poncer les enduits et les plâtres. Il s'utilise sec ou humide. Le fait d'humidifier la surface réduit le risque de rayures. Le papier lubrifié légèrement humide convient également très bien.

PONCEUSE À DISQUE
Tous les types de papier de verre peuvent être utilisés sur une ponceuse électrique à disque pour poncer les bois bruts et ôter la peinture sèche. Ne l'employez jamais sur des surfaces fragiles.

Les abrasifs
De haut en bas :
laine d'acier, papier de verre fin et grossier, papier abrasif médium et fin, papier à polir, fin et grossier.

Échelles et échafaudages

En louant des échelles ou des échafaudages pour un prix modique, vous pourrez travailler plus rapidement et avec davantage de sécurité et d'efficacité, puisque vous vous déplacerez aisément dans l'espace.

ESCABEAUX

Les escabeaux comptent parmi les structures les plus stables et sont indispensables pour travailler en intérieur. Choisissez un escabeau ayant des marches larges et confortables et comportant une plate-forme où vous pourrez poser votre bac à peinture et vos pots. Si vous avez deux escabeaux, reliez-les par deux planches posées sur l'avant-dernier échelon comme pour faire un échafaudage.

ÉCHELLES EXTENSIBLES ET DROITES

Elles conviennent très bien, qu'elles soient en bois ou en alliages légers, mais les premières devront avoir des renforts métalliques aux barreaux. Choisissez une échelle extensible pourvue d'une corde et de poulies, car ceci vous permettra de la manipuler seul. De plus, elle devra posséder un verrouillage automatique pour la maintenir en position.

ÉCHELLES DOUBLES ET MULTI-USAGES

Celles-ci s'utilisent soit comme les échelles droites, soit dépliées comme un escabeau.

UTILISATION DES ÉCHELLES À L'EXTÉRIEUR

Si vous travaillez sur des surfaces dures comme le béton, fixez des patins antidérapants sous les pieds de l'échelle et stabilisez la base avec un sac de sable ou un sac de plastique rempli de terre.

Quand vous rallongerez votre échelle extensible, faites en sorte que chaque section recouvre la précédente sur le quart de sa longueur. Ne posez jamais votre échelle contre les barres d'appui des fenêtres, car vous pourriez briser la barre et la vitre. Évitez aussi les gouttières car celles-ci risquent de céder.

Ne grimpez jamais au-delà des quatre derniers barreaux : vous seriez incapable de garder l'équilibre en l'absence de prises pour les mains. Placez toujours les deux pieds sur le même barreau et vos hanches entre les barreaux. Descendez toujours de l'échelle et déplacez-la plutôt que d'essayer de faire de l'acrobatie pour atteindre les côtés. Si le sol est humide, glissez un vieux paillasson ou un sac sous les pieds de l'échelle. Pour éviter de déraper en grimpant, essuyez bien les semelles de vos chaussures.

UTILISATION DES ÉCHELLES À L'INTÉRIEUR

Les escabeaux risquent de basculer si vous vous penchez sur le côté. Si votre sol n'est pas plat, n'hésitez pas à fixer des étais en diagonale sur le sol.

ÉCHAFAUDAGES

Les plates-formes d'échafaudages sont de loin les structures les plus pratiques pour peindre en extérieur. Il existe deux types d'échafaudages : les tours et les échafaudages en tube. Ces derniers sont surtout réservés aux professionnels. Si leur usage ne vous est pas familier, vous risqueriez d'avoir des problèmes avec les autorités et les assurances en cas d'accident.

Les échafaudages en forme de tours s'assemblent par sections. Le mieux est de les louer dans un magasin spécialisé. Ils conviennent pour des hauteurs allant jusqu'à 9 m, mais il faudra utiliser des systèmes de fixation ou des stabilisateurs en diagonales si leur hauteur dépasse trois sections. Certains modèles sont montés sur des roulettes, ce qui facilite les déplacements. Verrouillez-les toujours avant de les utiliser.

Maniement des échelles

Comme les échelles extensibles en bois ou en alliages légers sont parfois lourdes et encombrantes, il faut toujours les manipuler avec précaution. Pour saisir l'échelle, pliez légèrement les genoux, appuyez-la à la verticale contre votre épaule. D'une main, attrapez l'un des barreaux à hauteur de la tête, prenez un autre barreau situé plus bas avec l'autre main et redressez-vous.

Bâches de protection

BÂCHES DE PLASTIQUE
Les bâches en plastique sont transparentes, existent en plusieurs épaisseurs et servent surtout à masquer les fenêtres quand on en peint le pourtour.

BÂCHES COUVERTES D'UN FILM D'ALUMINIUM
Les bâches recouvertes d'un film d'aluminium procurent une excellente protection au moment où l'on brûle les peintures. Elles ne se consument ni se détériorent si elles recouvrent une peinture chaude.

BÂCHES ANTIPOUSSIÈRES INDUSTRIELLES
On les utilise pour protéger les meubles. Évitez de les employer si vous décapez la peinture avec un brûleur, ou bien humidifiez-les soigneusement avec de l'eau.

GANTS DE CAOUTCHOUC
Portez toujours des gants de caoutchouc quand vous utilisez des produits chimiques du type décapant ou solvant. Si vous avez la peau sensible, portez-les aussi quand vous peindrez.

LUNETTES DE PROTECTION ET MASQUES
Pour éviter de recevoir de la peinture dans les yeux quand vous peignez un plafond, portez une paire de lunettes de protection ou de vieilles lunettes de soleil. Si vous décapez une peinture dans cette position, il faut protéger vos yeux. Les peintures décoratives modernes sont rarement toxiques, mais le décapage et le ponçage, surtout à la ponceuse à disque ou au brûleur à flamme nue, peuvent provoquer l'émission de vapeurs et de poussières. Portez toujours un masque quand vous effectuerez ces travaux, surtout si vous décapez d'anciennes peintures au plomb.

LISTE DES MESURES DE SÉCURITÉ

Utilisation d'émulsions, de peintures glycérophtaliques et de décapants chimiques
- Assurez-vous que la pièce est bien aérée tant que vous peindrez et que la peinture ne sera pas sèche.
- Ne fumez pas dans la pièce.
- Si vous souffrez de troubles respiratoires, portez un appareil respiratoire et ne vous contentez pas d'un masque.
- Portez des gants si vous utilisez un décapant chimique.
- Couvrez les sols et les meubles d'une bâche antipoussière humide, d'une bâche en plastique ou d'une feuille d'aluminium.
- Si de la peinture vous tombe dans les yeux, lavez immédiatement à grande eau en tenant les paupières ouvertes. Si vous constatez d'autres problèmes, consultez immédiatement un médecin.
- N'utilisez pas de diluants pour ôter la peinture sur la peau, mais prenez un lait nettoyant ou lavez-vous à l'eau chaude et au savon.
- Conservez les peintures, solvants et autres produits chimiques hors de la portée des enfants. N'essayez pas de les faire vomir en cas d'absorption d'un produit mais appelez immédiatement un médecin.

Utilisation d'un brûleur torche
- Placez un seau d'eau à proximité.
- Portez des gants et un masque, couvrez-vous le visage avec un linge humide et portez des lunettes de protection ou des lunettes normales.
- Couvrez le sol avec une feuille d'aluminium ou une bâche antipoussière mouillée.
- Aérez bien la pièce tout en évitant les courants d'air.
- Éteignez toujours la flamme dès que vous arrêtez de travailler.

Peinture en extérieur
- Couvrez toutes les coulures de peinture avec de la terre ou du sable et empêchez-les de pénétrer dans les écoulements.
- Couvrez d'une bâche les chemins et arbustes situés en dessous de l'endroit où vous travaillez.
- Pour éviter toute combustion, ne laissez aucun produit chimique dans des sacs en plastique noir au soleil ou à proximité d'une source de chaleur.

Acheter la peinture

Les peintures destinées aux intérieurs ou extérieurs se vendent dans tous les magasins spécialisés et les grandes surfaces. Il existe des peintures et des outils d'excellente qualité mais il faut souvent beaucoup d'expérience pour réussir à les utiliser à la perfection. Les fournisseurs pour artistes vendent des peintures et des pigments davantage destinés à ces derniers qu'aux décorateurs, mais certains de leurs produits sont nécessaires pour obtenir des effets plus raffinés.

Bon nombre de fabricants de peintures murales proposent toute une gamme de couleurs réalisées en mélangeant les principales teintes et tonalités de leur collection. Habituellement, ces couleurs sont mélangées à la demande du consommateur et en équilibrant les ingrédients.

La plupart des grands fabricants proposent des collections de coloris saisonniers (tout comme l'industrie de la mode). Ceci peut être intéressant en ce qui concerne la gamme des émulsions vinyliques satinées ou les peintures pour extérieurs. Toutefois, la production de ces tonalités spécifiques peut être interrompue. Mieux vaut donc s'assurer que la teinte que vous avez utilisé une année existera encore par la suite. Le mieux est de vérifier et de conserver un échantillon de la couleur originale pour être capable d'obtenir un mélange le plus approchant.

C'est parfois frustrant d'être contraint d'acheter les litres de peintures alors que vous n'aurez besoin que d'un échantillon pour tester une couleur. Aujourd'hui, la plupart des bons fournisseurs produisent également de petites quantités d'une couleur, surtout s'il s'agit d'une demande spécifique. La quantité minimale est en général de 500 ml, parce que les mélangeurs automatiques ne peuvent pas préparer de quantités inférieures.

Tous les fabricants de peinture vous donneront des nuanciers pour vous aider à choisir votre coloris. Ceux-ci sont tirés d'une gamme de peintures traditionnelles. (CI-DESSOUS)

STOCKAGE

La plupart des peintures de bonne qualité vendues dans le commerce se conservent plusieurs années, à condition qu'elles le soient dans des pots de métal hermétiquement clos. La durée de vie d'une peinture diminue dès qu'on ouvre la boîte. Toutes les peintures se transforment, mais les glycérophtaliques forment en général une peau quand on les laisse dans un pot partiellement vide, parce que les solvants et les pigments se dissocient. Brisez cette membrane, enlevez-la, puis décantez la peinture et mélangez-la bien. Les peintures à l'eau conservées dans des circonstances semblables tendent à se solidifier. Les peintures qui restent dans des récipients en plastique coagulent et s'évaporent rapidement. Rangez toutes vos peintures dans un endroit frais à l'abri du soleil.

Les couleurs pour artistes se comportent différemment. Les huiles en tube de plomb dureront toute une vie à condition que le tube soit intact et le bouchon bien vissé. Il en ira de même pour les acryliques, mais si les tubes sont mal fermés, la peinture se solidifiera progressivement.

PEINTURES	POUVOIR COUVRANT ET TEMPS DE SÉCHAGE					
	POUVOIR COUVRANT MOYEN (en m²/l)	SOLVANTS		NOMBRE DE COUCHES	TEMPS DE SÉCHAGE (en h)	
Finitions mates		White-spirit	Eau		Sec	Recouvrable
Vinyliques mates	9-15		•	2	1-2	4
Apprêt	11		•	1-2	1-2	4
Monocouche	8		•	1	3-4	
Concentré glycéro	15-16	•		1-2	2-4	16-18
Détrempe	variable		•	1	1-2	
Chaux	variable		•	1-2	1-2	
Peintures à ciment	1-6		•	2	1-2	24
Peint. à l'eau pour maçon.	4-10		•	2	1-2	4-6
Peint. glycéro pour maçon.	6-16	•		2	4-6	16
Peint. pour béton armé	3-6,5	•	•	1-2	2-3	24
Peinture au goudron	6-15	•	•	1-3	1-2	6-24
Peinture texturée	2-3		•	1	24	
Émulsion pour extérieurs	9-12		•	2	1-2	4
Finitions brillantes et semi-brillantes						
Brillantes glycéro	15-16	•		2-3	2-4	16-18
Brill. acryl. à séchage rapide	10		•	1-2	1	1-2
Spéciales salles de bains	13-14	•		2	6-10	16-24
Spéciales sols	5-10	•	•	2	2-3	3-16
Finitions satinées						
Satinées à l'eau/ Soyeuses vinyliques	9-12		•	2	1-2	4
Satinées glycéro	15-16	•		1-2	2-4	16-18
Satinées professionnelles	15-16	•		1-2	2-4	16-18
Spéciales radiateurs	13	Solvants spéciaux		1-2	2-6	7-14
Antidérapantes	3-5	•		1	2-4	
Peintures de sécurité	2,5	•		2	4-6	12
Finitions métalliques						
Peintures métalliques	10-14	•		1-2	4	8
Métalliques antidérapantes	3-5	Solvants spéciaux		1-2	0.5	1-3

PRÉPARATION DES SURFACES

Vous pouvez peindre sur tous les murs correctement enduits, qu'il s'agisse de plâtres neufs (attendez jusqu'à six mois après la pose pour permettre à l'humidité de disparaître), de vieux plâtres réenduits, de boiseries préparées, de vernis sains, de tissus, de métaux peints ou décapés, de papiers lignés, sulfurisés et vinyliques, de carrelages et de verre. Toutefois, il n'est pas recommandé de peindre sur du plâtre friable ou non enduit, sur des peintures écaillées, des vernis polyuréthanne ou des vieux papiers peints. De même, vous ne peindrez pas sur une vieille détrempe, sur des murs badigeonnés ou blanchis à la chaux, des bois bruts, du feutre ou des métaux non préparés.

Les plâtres

VIEUX PLÂTRES

Un plâtre déjà peint et en bon état a seulement besoin d'être lessivé à l'eau chaude savonneuse, rincé et séché. Le plâtre n'a pas besoin d'être scellé, mais mieux vaut poser une sous-couche pour recouvrir l'ancienne peinture avant d'étaler la nouvelle.

Vous devrez poncer la peinture si celle-ci présente des bulles, des rides ou des fissures. Si elle est tout simplement en mauvais état par endroits, il vous suffira de l'ôter et de poncer le pourtour des emplacements que vous aurez décapés jusqu'à ce qu'ils se fondent avec le reste de la surface. Grattez la peinture abîmée avec une spatule en tenant la lame à plat pour l'empêcher de pénétrer dans le plâtre, sinon, utilisez des décapants chimiques ou brûlez-la.

DÉCAPANTS CHIMIQUES

Ils s'utilisent pour détacher les émulsions des plâtres. Ces produits sont également très efficaces sur les peintures glycérophtaliques. Ne procédez pas à la hâte. Portez des gants de caoutchouc. Répartissez le décapant avec une vieille brosse large et laissez agir pendant au moins 30 minutes suivant les indications du fabricant. Les pâtes décapantes s'étalent toujours dans une seule direction. Pour les décapants liquides, mieux vaut procéder à plusieurs applications en maintenant la surface humide. Dans les deux cas, étalez la première couche puis attendez que la peinture ramollisse avant de poser une seconde couche plus épaisse. Les décapants chimiques peuvent prendre entre 2 heures et 2 jours pour pénétrer une épaisse couche de peinture.

Dès que la peinture aura été enlevée, lessivez le plâtre à l'eau ou au white-spirit, en fonction du type de décapant employé. Laissez sécher. Comme les plâtres fraîchement décapés sont très absorbants, enduisez-les avant de peindre.

BRÛLEURS

La chaleur détache les peintures glycérophtaliques du bois plus rapidement que les produits chimiques, mais elle agit rarement plus vite sur les plâtres. Les plâtres et les maçonneries se fissurent souvent s'ils sont soumis à de trop fortes chaleurs. Lorsque vous utilisez un brûleur torche, une lampe à brûler ou un brûleur à air chaud, commencez toujours en bas du mur parce qu'en montant, la chaleur ramollira la peinture qui se trouve au-dessus de vous. Déplacez constamment la flamme ou le brûleur et veillez à ne brûler que 30 cm^2 à la fois. Votre peinture sera plus difficile à enlever si, une fois chauffée, vous l'avez laissé sécher. Au fur et à mesure que vous progresserez, détachez-la à la spatule en tenant la lame aussi plate que possible et en la faisant glisser sous la couche de peinture de part et d'autre.

LESSIVER LES DÉTREMPES, LES MURS BLANCHIS OU PASSÉS À LA CHAUX

Tous ces matériaux laissent des traces sur les doigts quand on les touche. Il faut donc les enlever avant de repeindre car, hormis les badigeons à la chaux correctement posés, ils se mélangeraient à la nouvelle peinture. Frottez la surface avec une brosse sèche pour enlever les écailles, puis lessivez soigneusement à l'eau chaude en frottant vigoureusement avec une brosse aussi dure que possible. Changez l'eau dès qu'elle devient laiteuse. Dès que vous aurez enlevé tous les restes de détrempe, rincez à l'eau claire et séchez avec une éponge ou un chiffon doux. Laissez bien sécher les murs avant d'appliquer un apprêt, une sous-couche ou votre peinture pour que l'humidité ne réapparaisse pas.

PRÉPARATION DES MURS BRUTS

Les plâtres défectueux doivent être enduits au moyen de produits vendus en poudre. Dès que votre enduit sera sec, poncez-le au papier de verre très fin en effectuant des mouvements circulaires, jusqu'à ce que la partie traitée se fonde complètement avec le reste de la surface.

Si vous envisagez d'utiliser une peinture à l'eau, posez une couche d'apprêt ou une sous-couche d'émulsion sur toute la surface afin que les endroits traités ne risquent pas de se voir après séchage. Pour une peinture brillante ou une glycérophtalique satinée, badigeonnez les endroits traités à l'enduit avec une base glycérophtaliques préparée en mélangeant une moitié de peinture avec une moitié de white-spirit. Dès que votre mur sera sec, poncez les raccords avec l'ancienne peinture, enduisez et retouchez de nouveau. Laissez sécher et appliquez ensuite la première couche de peinture.

PRÉPARATION D'UN PLÂTRE NEUF

En théorie, les plâtres neufs devraient être lisses, soyeux et absolument plats, mais il arrive qu'ils présentent de fines fissures ou des bulles. Ces dernières peuvent être égalisées en faisant glisser une spatule large et plate sur toute la surface. Ne poncez jamais un plâtre neuf au papier de verre, car vous risqueriez de faire des stries qui se verraient à travers votre peinture.

Si vous voulez utiliser une peinture glycérophtalique, commencez par appliquer un apprêt résistant aux produits alcalins. Laissez sécher, puis poser une sous-couche avant de peindre.

Si vous utilisez une émulsion vinylique, laissez sortir les sels et acides qui suintent du plâtre et éliminez-les en les brossant. Couvrez la surface d'une sous-couche diluée à l'eau en proportions égales pour la sceller. Cette sous-couche révélera les fissures, que vous reboucherez avec un enduit vinylique. Laissez sécher l'enduit puis polissez avec un papier de verre très fin dès que vous aurez traité toute la surface. Badigeonnez avec votre sous-couche à l'eau. Avant d'appliquer la peinture définitive, répétez l'opération dès que de nouvelles fissures apparaissent.

Bois

DÉCAPANTS CHIMIQUES

Ces produits sont parfaits pour ôter la peinture des torsades et renfoncements des meubles en bois, ainsi que des moulures. Appliquez le décapant comme pour le plâtre (voir page 194) et enlevez-le dès que

Chiffon à poussières

Ils sont parfaits pour ôter les échardes et poussières d'un bois nu. Pour en fabriquer un, trempez un chiffon blanc non pelucheux dans l'eau chaude. Essorez, étendez sur une surface non poreuse et arrosez d'essence de térébenthine. Essorez de nouveau pour que les fibres s'imbibent de produit. Étalez de nouveau votre chiffon et aspergez-le avec une bonne cuillerée de vernis spécial marine. Essorez et suspendez votre chiffon pendant 40 minutes. Pliez le chiffon pour en faire un tampon. Votre chiffon antipoussières est prêt à l'usage. Rangé dans un récipient clos à l'abri de l'air, il conservera ses propriétés pendant plusieurs mois. Répétez l'opération dès qu'il commence à sécher.

la peinture est ramollie en vous servant d'un petit grattoir, d'une vieille brosse à dent, d'un tournevis ou de laine d'acier. Travaillez toujours de haut en bas et en suivant la veine. Lessivez avec une éponge dès que vous aurez fini.

BRÛLEURS

Tout comme pour le plâtre, brûlez de bas en haut sur une surface de 30 cm^2 en déplaçant chaque fois la source de chaleur. Passez ensuite la lame d'une spatule de bas en haut, en respectant la veine et sans jamais la croiser.

DÉCAPER LES LAQUES

Ne décapez jamais les laques à chaud. Habituellement, les décapants pour laques requièrent environ trois applications à la brosse. Une fois la laque ramollie, l'outil idéal sera un grattoir d'ébéniste. Lessivez ensuite la surface avec une éponge dure. Comme les décapants pour laques ont différentes utilisations, lisez bien les instructions du fabricant.

DÉCAPER LES VERNIS ET LES CIRES

La méthode la plus rapide pour ôter un vernis, de la saleté ou de la cire est d'appliquer un décapant chimique à peinture. Procédez de la même manière que pour le décapage des peintures (voir pages 196-197), mais prenez un grattoir d'ébéniste en acier, un grattoir triangulaire ou une spatule. Vous pourrez ôter les vernis polyuréthannes à l'aide de décapants à peinture, mais n'utilisez jamais de décapants à laques ou à gommes-laques.

PRÉPARATION DU BOIS NEUF OU MIS À NU

Pour éliminer les échardes et les irrégularités du bois neuf, poncez-le toujours au papier de verre fin ou à la laine d'acier. Les bois tendres, surtout le pin, ont tendance à présenter des nœuds résineux qui peuvent transpirer sous la peinture. Enlevez-les au ciseau à bois en vous aidant d'un maillet. Bouchez le trou avec un enduit à bois, poncez pour égaliser dès que l'enduit sera sec, puis couvrez d'un apprêt.

Les apprêts à l'aluminium sont plus efficaces pour les portes et les cadres de fenêtres, surtout en bois durs, et particulièrement là où le bois touche la brique ou la pierre. Pour les autres bois et la plupart des meubles, prenez un bon apprêt sans plomb. Les apprêts faisant fonction de sous-couche sont souvent plus pratiques.

Si le bois mis à nu présente encore quelques traces, humidifiez-le et poncez à la toile émeri. Laissez sécher. Si le bois a gonflé, poncez-le de nouveau avec du papier de verre avant de l'enduire. Une autre solution est de mélanger 1/3 d'huile de lin à 2/3 de white-spirit et d'en frotter le bois avec du papier lubrifié. Lavez ensuite au white-spirit en utilisant un chiffon non pelucheux.

Papiers peints

PRÉPARATION DES PAPIERS AVANT LA PEINTURE

Si vous vous voulez recouvrir un papier peint de peinture, assurez-vous qu'il adhère bien au mur. Comme la peinture est très lourde, les papiers risquent de s'affaisser et de se détacher. Le plus simple est presque toujours de décoller les papiers. Si vous décidez quand même de les peindre, ne les encollez jamais, même si vous pensez les préparer ou les raidir, car le papier gonfle avant de rétrécir et retient prisonnières des centaines de bulles d'air avant de se détacher dès que la peinture sèche. Les peintures diluées à l'eau et les émulsions provoqueront des effets identiques. Pour éviter ces inconvénients, essayez de poser un apprêt puis couvrez d'une fine couche de peinture glycérophtalique. Toutefois, nous ne conseillons pas de repeindre les papiers, car ceci en accentue toujours la structure, sauf si vous utilisez une couche finale structurée. Si la teinture du papier transpire, couvrez d'une couche de solution de gomme-laque pure diluée dans de l'alcool de méthylène.

DÉCOLLER LES PAPIERS PEINTS

Certains papiers peints épais et à reliefs – surtout les papiers préencollés – se décollent à sec au couteau ou à la spatule. Ils seront beaucoup plus faciles à arracher si le mur est très humide ou s'ils sont posés sur des plâtres friables ou préalablement chauffés. Procédez en partant du bas, insérez le couteau ou la spatule sous un coin puis faites glisser doucement votre outil vers le haut.

Si cette méthode vous pose des problèmes, le moyen le plus efficace sera de badigeonner les murs à l'eau très chaude à l'aide d'une grosse brosse large. Répétez plusieurs fois l'opération en partant du haut et laissez l'eau couler le long des murs. Détachez ensuite le papier avec une grande spatule plate. Procédez en commençant par le haut et en donnant des coups de spatule horizontaux.

DÉTACHER LES PAPIERS À LA VAPEUR

Il est souvent plus facile de détacher plusieurs couches de papiers superposés en utilisant la vapeur. Dans les petites pièces, il suffira de plusieurs bouilloires électriques posées en bas des murs. Toutefois, cela vaut parfois la peine d'acheter ou de louer une décapeuse à vapeur, surtout si vous voulez traiter de grandes surfaces. Ces appareils comportent une plaque perforée fixée au bout d'une long tube, que l'on applique contre le papier pendant une trentaine de secondes. Vous décollerez ensuite le papier en faisant passer une spatule ou un couteau en partant du bas et en diagonale. Il se peut que vous ayez besoin d'un outil tranchant pour les papiers épais et en relief.

Les seuls papiers capables de résister à une décolleuse à vapeur sont les papiers vernis. Essayez de les rayer avec une lame, puis tenez la plaque ou l'embout de la décolleuse contre les fentes avant d'insérer la spatule. En cas d'échec, vous devrez les peindre ou les couvrir d'une nouvelle couche de papier. Les nouveaux papiers lavables, très fins et ressemblant à un film, sont également difficiles à ôter puisqu'ils ont été conçus pour résister à la vapeur. Toutefois, vous réussirez à les ôter en les lessivant à l'eau chaude et en les entaillant comme indiqué précédemment avant de les traiter à la décolleuse à vapeur.

Après avoir décollé vos papiers, lessivez vos murs pour les débarrasser des restes de colle. Laissez bien sécher, puis poncez-les avec du papier de verre, dépoussiérez et appliquez l'apprêt requis.

Métaux

Hormis le fer forgé, la plupart des métaux sont difficiles à peindre s'ils n'ont pas été soigneusement préparés et plus particulièrement le chrome, le cuivre, l'acier galvanisé et l'aluminium.

FER FORGÉ

Il s'utilise normalement pour les portails, les ferronneries décoratives et les meubles de jardin. Les peintures spéciales sont vendues dans le commerce, mais la gamme des couleurs est limitée. Vous pourrez utiliser des couleurs brillantes en les appliquant toujours sur la sous-couche ou l'apprêt qui convient le mieux.

ACIER ET ACIER GALVANISÉ

S'il est sain et dépourvu de rouille, nettoyez votre acier au white-spirit puis appliquez un apprêt pour métaux. Nettoyez les métaux galvanisés avec une solution acide, puis couvrez-les, soit avec un enduit pour métaux galvanisés, soit avec un enduit acrylique. Ces deux types d'acier peuvent être peints avec des peintures glycérophtaliques ou émaillées.

RADIATEURS
On couvre généralement les radiateurs de peintures émaillées. Si la peinture d'origine s'écaille ou est rouillée, éliminez-la avec des décapants chimiques. Ne décapez jamais un radiateur à chaud. Enduisez la surface avec un produit spécial pour radiateurs. Vous pouvez utiliser les satinées et les glycérophtaliques concentrées, mais évitez les produits brillants car ils ne conduisent pas bien la chaleur. N'utilisez jamais de peinture à l'eau pour les radiateurs.

ALUMINIUM
D'habitude, on ne peint pas l'aluminium, mais on peut le recouvrir d'une couche d'émail pour modélistes ou de peinture émaillées pour carrosserie automobiles en aérosol. Celles-ci se vendent dans les magasins d'outillage et chez les spécialistes en matériel de décoration. Assurez-vous que votre métal est propre, sec et bien dégraissé avant d'appliquer la peinture.

CUIVRE ET CHROME
Mieux vaut laisser le cuivre et le chrome nus car la peinture tend à s'écailler quand elle est chauffée. Mais si vous devez les peindre, utilisez un apprêt à base de zinc, puis une couche de peinture brillante.

Carrelages et tuiles

Il suffit de lessiver les carrelages avec un détergent pour en enlever toutes les graisses. Rincez-les ensuite avec une solution d'eau et de vinaigre en proportions égales. Prenez un décapant chimique pour nettoyer les carreaux peints (voir page 188). Ne brûlez jamais les carreaux peints car ils risquent d'éclater.

Verre

Nettoyez le verre avec un produit spécial pour vitrages avant de le peindre et traitez la surface avec un essuie-glace plat ou une spatule. Séchez avec un chiffon doux.

Tissus

MÉTIS, LIN ET JUTE
Vous pourrez peindre sur tous ces matériaux à condition qu'ils soient bien tendus. Le mieux est de commencer par les enduire avec un apprêt à l'acrylique ou deux fines couches d'émulsion. Si vous prenez des peintures glycérophtaliques, encollez d'abord votre tissu avec une fine couche d'une solution de colle chaude. Après séchage de la première couche, posez une autre couche de colle légèrement colorée. Appliquez un apprêt avant de peindre.

TOILE DE LIN
Les toiles de lin neuves doivent être apprêtées et tendues sur un châssis avant d'être peintes. Compte tenu de la tension exercée sur la toile, le châssis doit avoir une résistance latérale suffisante. Si la taille du châssis est supérieure à 90 x 120 cm, consolidez le centre avec un croisillon. Laissez au moins 7,5 cm de tissu autour du cadre. Posez le cadre sur la toile, pliez ensuite le tissu sur les bords en tendant, puis agrafez-le pour le fixer en posant les agrafes sur chaque côté à partir du centre de chaque latte et en direction des angles. Pliez le tissu dans les coins comme pour border un drap. La toile doit être tendue mais rester souple.

Prenez une brosse de décorateur et appliquez une couche d'apprêt acrylique ou d'apprêt glycérophtalique pour artistes. Ne frottez pas trop fort et faites en sorte que le produit bouche les trous de la trame. Laissez sécher 24 heures jusqu'à ce que la toile soit tendue comme une peau de

Ôter la rouille du métal

Il faut toujours éliminer la rouille avant de peindre un métal. Les antirouilles chimiques sont très actifs pour les rouilles superficielles, mais il faut les nettoyer soigneusement car ils empêchent la peinture d'adhérer. Portez une paire de gants solides et utilisez un grattoir, puis une brosse métallique et de la laine d'acier. Poncez jusqu'à ce que le métal soit mis à nu et ne comporte plus aucune trace de rouille.

tambour. Poncez avec du papier de verre fin en effectuant des mouvements circulaires. Appliquez une seconde couche d'apprêt et poncez une seconde fois avant de peindre.

Organisation du travail

EN INTÉRIEUR
Pour peindre une pièce, mieux vaut commencer par le plafond, continuer par les murs et terminer par les boiseries.

PLAFONDS
Commencez toujours du côté de la fenêtre et traitez par bandes de 60 cm de largeur en progressant parallèlement aux ouvertures. Couvrez ensuite par carrés d'environ 60 cm en étalant uniformément la peinture à grands coups de pinceau.

Terminez en donnant des grands coups de brosse en direction de la lumière. Évitez de superposer des couches. Appliquez quelques coups de brosses croisés en direction de la lumière pour faire les raccords entre les bandes. Travaillez avec des gestes réguliers et rapides.

MURS
Si vous êtes gaucher, commencez par le haut de l'angle de gauche, et par le haut de l'angle de droite si vous êtes droitier. Peignez de haut en bas par bandes horizontales de 60 cm en progressant parallèlement au plafond. Donnez quelques coups de brosse en croisant pour lisser, et finissez par quelques coups de haut en bas.

BOISERIES
Commencez par les cadres des fenêtres, puis peignez les cimaises, le tour des lambris, les portes et les manteaux de cheminée. Terminez par les plinthes.

CAGES D'ESCALIER
Commencez toujours par la balustrade en faisant attention à ne pas faire couler de peinture le long des moulures. Peignez ensuite les marches et les contremarches en descendant. Si vous êtes obligé d'utiliser les escaliers avant que la peinture soit sèche, commencez par les contremarches, puis peignez une marche sur deux pour vous permettre de monter et descendre. Terminez par les marches restantes le lendemain.

PORTES
Commencez par les panneaux intérieurs, puis peignez les chambranles en partant du haut. Terminez par la plinthe et le cadre.

FENÊTRES
Commencez par l'extérieur. Peignez ensuite le cadre intérieur et les barres transversales, puis le haut et le bas du cadre. Finissez par le rebord.

EXTÉRIEURS
Pour peindre l'extérieur d'un bâtiment, mieux vaut commencer par le toit, puis peindre les murs et les boiseries. Faites attention à ce que la peinture ne coule pas sur les murs, car elle risquerait de laisser des traces.

La plupart des peintures pour extérieurs sont épaisses et elles s'appliquent souvent sur des surfaces texturées, si bien que les superpositions de couches se voient moins. Mais si vos murs sont lisses ou si vous utilisez une peinture teintée ou diluée, mieux vaut procéder par bandes horizontales. Comme pour les murs intérieurs, vous commencerez par le haut en effectuant des raccords entre les grandes surfaces et le tour des fenêtres.

La manière de procéder pour peindre l'extérieur des portes et des fenêtres est la même que pour l'intérieur. Peignez d'abord les fenêtres des étages supérieurs, puis continuez en descendant. Terminez par les portes. Les clôtures et autres boiseries au sol seront peintes en dernier.

PRÉPARATION ET TEINTURE DES PEINTURES, VERNIS ET GLACIS

Teinter signifie ajouter un pigment à une peinture, un vernis ou un glacis pour en modifier la couleur. Les pigments sont vendus en tubes ou en poudre. On les trouve aussi sous forme d'huiles pour artistes ou de peintures à l'eau, qu'il s'agisse d'acryliques ou de gouaches (voir pages 161 à 181 le répertoire des peintures et des surfaces).

PEINTURES DE DÉCORATION

La plupart de ces peintures sont mélangées et prêtes à l'application. Elles contiennent un fort pourcentage de liant et si vous leur ajoutez des pigments dans une proportion supérieure à 1 volume pour 8 volumes, elles risquent de se solidifier. Comme la couleur change après séchage, faites toujours des tests en préparant un petit échantillon avant de mélanger le tout. Vous teinterez les peintures glycérophtaliques avec des huiles fines pour artistes, et les peintures à l'eau avec des acryliques.

VERNIS GLYCÉROPHTALIQUES

Bon nombre de vernis sont incolores. Toutefois, les vernis glycérophtaliques tendent vers des tonalités légèrement ambrées qui adoucissent les surfaces et donnent de la profondeur à la couleur qu'ils recouvrent. Mais vous trouverez aussi des vernis glycérophtaliques très pâles qui vous seront très utiles si vous voulez obtenir des bleus clairs ou des tons froids. Teintez les vernis glycérophtaliques avec des huiles pour artistes ou des colorants universels. Laissez décanter le vernis dans un bac ou un godet et utilisez un couteau de peintre pour le mélanger au colorant que vous ajouterez progressivement.

VERNIS ACRYLIQUES

En règle générale, les vernis acryliques sous forme concentrée sont légèrement opaques. Ils forment un film transparent au séchage mais si vous posez des couches trop épaisses, vous obtiendrez un résultat nacré sur les couleurs claires. De plus, ils tendent à refroidir les couleurs intenses. On teinte ces vernis avec des pigments à l'eau du type acryliques, gouaches, aquarelles et colorants universels. Mélangez soigneusement les pigments avant application. Comme les acryliques sèchent très rapidement, teintez une quantité de vernis suffisante pour couvrir la surface voulue, car il est difficile de réaliser un mélange ayant exactement la même couleur que le premier.

VERNIS POLYURÉTHANNES

Ils font partie des vernis glycérophtaliques et sont vendus déjà teintés ou bien sous forme incolore.

GLACIS GLYCÉROPHTALIQUES

Les glacis glycérophtaliques se teintent généralement avec des huiles pour artistes. Plus la proportion de glacis est importante par rapport au pigment, plus le résultat est transparent. Pour obtenir un fini légèrement opaque, on les mélange avec des peintures de décoration.

GLACIS ACRYLIQUES

On teinte les glacis acryliques avec des acryliques pour artistes, ou avec des émulsions si l'on recherche un effet opaque. Les glacis glycérophtaliques tendent vers le jaune, tandis que les glacis acryliques sont blanchâtres. Ils sembleront légèrement laiteux si vous appliquez plusieurs couches.

LAVIS

Les lavis sont des peintures allongées au white-spirit ou à l'eau auxquelles on n'ajoute ni siccatif ni glacis. On les applique généralement sur une couche de peinture non diluée pour rehausser ou pour modifier la couleur.

AGENTS SÉCHANTS À LA TÉRÉBENTHINE

On les ajoute généralement aux peintures glycérophtaliques pour accélérer le temps de séchage.

Fabriquer ses peintures

DÉTREMPE À LA COLLE CLAIRE

Ce type de détrempe très courant est souvent appelé détrempe « douce » à cause de sa texture poudreuse. Prenez 3 kg de chaux en poudre et de colle à l'os. Remplissez à moitié un seau d'eau. Versez la chaux jusqu'à ce qu'un pic émerge de la surface et laissez gonfler une nuit. Le lendemain, prélevez un peu de mélange et remuez bien jusqu'à ce que vous ayez une pâte molle. Mélangez ensuite une mesure de colle à l'os avec neuf mesures de pâte. Pour la teinter, dissolvez un peu de pigment en poudre dans de l'eau et mélangez soigneusement.

DÉTREMPE À LA CASÉINE

La caséine en poudre est vendue chez les spécialistes en matériel pour artistes. Versez une mesure de caséine en poudre dans une cuvette, ajoutez progressivement 4 mesures d'eau en mélangeant constamment pour éviter les grumeaux. Dès que le mélange est lisse, ajoutez 1 à 2 mesures de carbonate d'aluminium. Une réaction chimique se produit et la solution devient sirupeuse. Laissez reposer 30 minutes puis complétez avec 4 à 8 mesures d'eau, selon la consistance que vous voulez obtenir. Teintez votre peinture avec des pigments en poudre dissous dans un peu d'eau. La détrempe à la caséine doit être appliquée avec une petite brosse en faisant attention à ce que la peinture ne sèche pas sur le pinceau. Lavez vos brosses à l'eau savonneuse après usage.

GESSO

C'est une substance dure blanc cassé rappelant le plâtre. On l'utilise comme base pour imiter les écailles de tortue, les dorures ou pour peindre. C'est un produit très efficace utilisé comme apprêt sur la toile de lin et le bois.

Pour préparer un gesso traditionnel, vous aurez besoin de colle à l'os en granulés que vous achèterez chez un fournisseur pour artistes. Faites gonfler les granulés dans l'eau pendant une nuit en respectant les quantités indiquées. Chauffez ensuite dans un bain-marie jusqu'à dissolution complète, sans porter à ébullition. Ôtez du feu et laissez refroidir jusqu'à gélification. La gelée doit se fendre quand on la presse entre le pouce et l'index. Ajoutez de la chaux – la moitié de la quantité de gelée – en remuant constamment jusqu'à ce que le gesso ait pris la consistance d'une crème assez épaisse.

Faites d'abord chauffer le gesso à feu doux, sans laisser bouillir, et appliquez la première couche avec une brosse dure ou un chiffon. Posez la seconde couche quelques minutes plus tard en donnant des coups de pinceau perpendiculaires aux premiers. Il vous faudra 4 à 5 couches, toujours appliquées dans la direction opposée. Mais sachez bien que toute nouvelle couche mettra plus longtemps à sécher que la précédente. Réchauffez le gesso chaque fois que vous l'utilisez. Dès que la dernière couche est sèche, poncez au papier de verre très fin en effectuant des mouvements circulaires.

Quelques adresses

Adam
11, bd Edgar-Quinet
75014 Paris
43 20 68 53

Ami des artistes (L')
48, rue Vavin
75006 Paris
43 26 10 12

Apparences
187, rue de Grenelle
75007 Paris
45 56 95 26

Art 2000
9-12, rue de Platière
69001 Lyon
78 27 39 84

Au fil des couleurs
31, rue de l'Abbé-Grégoire
75008 Paris
45 44 74 00

Comptoir des Arts
5, rue Retardais
35000 Rennes
99 54 53 74

Comptoir des Couleurs
68, rue du Loup
33000 Bordeaux
56 51 35 11

Coopérative des Artistes
11, rue Berryer
75008 Paris
45 63 62 98

Côte à Côte
11, rue Auguste Comte 69002 Lyon
78 42 69 79

Créamania
22, rue Castillon
33000 Bordeaux
56 52 00 83

Dessin reproduction
9, rue de la Paix
44000 Nantes
40 47 74 22

Ecole d'Avignon
6, rue Grivolas
84000 Avignon
90 85 59 82

Graphigro
133, rue de Rennes
75006 Paris
42 22 51 80

Graphigro
23, rue Childebert
69002 Lyon
78 37 02 51

Graphigro
71, rue de Paris
59800 Lille
20 74 44 99

Graphigro
4, rue du 22 novembre,
67000 Strasbourg
88 22 65 83

Graphigro
27, rue Salenques
31000 Toulouse
61 23 73 70

Guy Roissé
18, rue des Argentins
33200 Bordeaux
56 44 16 04

Lyon-dessin
4, cours de la Liberté
69003 Lyon
78 95 47 79

Papeterie des Arts
2, rue des Trois Mages 13006 Marseille
91 48 67 21

Rougier et Plé
13, bd des Filles du Calvaire
75003 Paris
42 72 82 90

Sennelier
3, quai Voltaire
75007 Paris
42 60 72 15

Techniques et décors
14, rue Mayet
75006 Paris
45 67 08 51

Tout pour le Dessin
7, rue des Lois
31000 Toulouse
61 21 15 39

Index

Les numéros de pages en *italique* renvoient aux illustrations

Remerciements

L'auteur souhaite remercier les personnes suivantes pour leur aide précieuse :

Peintres

Helen Shakespeare
42 Listria Park
Londres N16

Alice Williams
29 Gathorne Road
Londres N22

Clare Bailey
182 Ladbroke Grove
Londres W10

Peter Thwaites
Garden Flat
3 Belsize Park Gardens
Londres NW3

Styliste

Ruth Delaney
184 Westbourne Park Road
Londres W11

Peintures et matériel

Craig et Rose Pic
172 Leith Walk
Edinburgh

Daler-Rowney Ltd
P.O Box 10
Bracknell
Berkshire

Fournitures et accessoires

McCloud & Co.
269 Wandsworth Bridge Road
Londres SW6

Jinan
17 Golden Square
Londres W1

Themes and Variations
231 Westbourne Grove
Londres W11

Carolyn Quartermaine
Chez Joseph
26 Sloane Street
Londres SW1

Un grand merci aux éditions Conran Octopus pour leur patience, à Patrick Baty pour ses conseils techniques, à James Mortimer et Peter Aprahamian pour leurs magnifiques photographies et à tous ceux qui ont travaillé avec moi et m'ont grandement aidé : Suzanne Sundara-Garuda, Emily Phillips, Flick Stainthorpe, Christian Corgier, Scott Cunningham et Marie-France Boyer.
Je suis tout particulièrement reconnaissant à l'égard de Min Hogg sans qui je n'aurais peut-être jamais fait un pas dans le monde de la décoration intérieure. Ce livre est dédié à Elizabeth Herbert.

Les éditeurs souhaitent remercier Jane Royston, Sarah Widdecombe, Hilary Bird, Penelope Cream et Helen Green pour leur collaboration à cet ouvrage.

Les éditeurs souhaitent remercier les photographes et agences qui leur ont permis de reproduire les photographies de cet ouvrage :

2 Fritz von der Schulenburg (Designer: Mimmi O'Connell/Décorateur: Juliette Mole)/The Interior Archive; 4 Christopher Simon Sykes (Celia Lyttleton)/The Interior Archive; 6 Richard Waite (Interior Design by Louise Cotier)/Arcaid; 8 Mads Mogensen; 9 Martyn Thompson (Kate Constable); 10 ci-dessus, à gauche Martyn Thompson (Kate Constable); 10-11 Polly Wreford/Homes & Gardens/Robert Harding Syndication; 12 Christopher Simon Sykes (Maxine de la Falaise)/The Interior Archive; 13 Tim Street-Porter (Architecte: Ricardo Legorreta); 14 ci-dessus Martyn Thompson (Kate Constable); 14 ci-dessous Rene Stoeltie; 15 Tim Clinch/The Interior Archive; 16 ci-dessus, à gauche Martyn Thompson (Kate Constable); 16 à droite Jean-Pierre Godeaut (Ungaro); 16 ci-dessous, à gauche Paul Ryan/International Interiors; 17 Simon McBride; 18 T. Jeanson/SIP; 19 Ianthe Ruthven; 20 Dennis Krukowski; 21 Fritz von der Schulenburg/The Interior Archive; 22 Christopher Simon Sykes/The Interior Archive; 23 Dennis Krukowski; 24 Fritz von der Schulenburg/The Interior Archive; 25 John Hall; 26 ci-dessus, à gauche Martyn Thompson (Kate Constable); 26 ci-dessous, à gauche Henry Wilson (Leslie Goring)/The Interior Archive; 26-7 Rene Stoeltie; 27 à droite Fritz von der Schulenburg/The Interior Archive; 28 ci-dessous, à gauche Mads Mogensen; 28-9 Christian Sarramon; 29 à droite Marie-Pierre Morel (Styliste: Catherine Ardouin)/Marie Claire Maison; 30 Pascal Chevalier (Michel Klein)/Agence Top; 31 ci-dessus, à gauche Pascal Chevalier (Michel Klein)/Agence Top; 31 ci-dessus, à droite Martyn Thompson; 31 ci-dessous Ingalill Snitt; 32 à gauche Simon McBride; 32-3 Mads Mogensen; 33 à droite Fritz von der Schulenburg/The Interior Archive; 34 ci-dessus Ingalill Snitt; 34 ci-dessous Michael Freeman (Mable Dodge Luhan House); 35 à gauche Christian Sarramon; 35 à droite Ingalill Snitt; 36 à gauche Martyn Thompson (Kate Constable); 36-7 Scott Frances/Esto; 37 ci-dessus Fritz von der Schulenburg (Décorateur: Ari Shand)/The Interior Archive; 38-9 Elizabeth Whiting & Associates; 38 ci-dessous, à gauche David Phelps; 39 ci-dessus, à droite Tim Beddow/The Interior Archive; 39 ci-dessous, à droite Geoffrey Frosh; 40-1 Jean-François Jaussaud (Ines de la Fressange)/SIP; 42 Hotze Eisma; 42-3 Verne Fotografie; 43 Tim Street-Porter (Gregory Evans); 44 Tim Goffe; 45 Tim Street-Porter (Artiste: Nancy Kintisch/Décorateur: Jarrett et Hedborg); 46-7 John Hall; 46 ci-dessus, à gauche Tim Street-Porter (Artiste: Nancy Kintisch/Décorateur: Jarrett et Hedborg); 46 ci-dessous, à gauche Derry Moore/The Interior Archive; 47 David Phelps; 48-9 Christophe Dugied/Marine Archang; 48 ci-dessus, à gauche Tim Street-Porter (Artiste: Nancy Kintisch/Décorateur: Jarrett et Hedborg); 48 ci-dessous, à gauche Fritz von der Schulenburg (Christophe Gollut)/The Interior Archive; 50 Polly Wreford (Artiste: Adrian Rose)/Homes & Gardens/Robert Harding Syndication; 51 ci-dessus Polly Wreford/Homes & Gardens/Robert Harding Syndication; 51 ci-dessous Marie-Pierre Morel (Styliste: Catherine Ardouin)/Marie Claire Maison; 52 ci-dessus Tim Street-Porter (Artiste: Nancy Kintisch/Décorateur: Jarrett et Hedborg); 52 ci-dessus, à droite Hotze Eisma (Miguel Goldschmidt)/V.T. Wonen; 52 ci-dessous, à droite Todd Eberle; 52 ci-dessous, à gauche Dennis Krukowski; 53 Richard Davies/Homes & Gardens/Robert Harding Syndication; 54 ci-dessus, à gauche Tim Street-Porter (Artiste: Nancy Kintisch/Décorateur: Jarrett et Hedborg); 54 ci-dessous, à gauche Sølvi Dos Santos; 56 ci-dessus Tim Street-Porter; 56 ci-dessous Elizabeth Whiting & Associates; 57 Steve Gross et Sue Daley (Abby Blackwald); 58 ci-dessus, à gauche Tim Street-Porter (Artiste: Nancy Kintisch/Décorateur: Jarrett et Hedborg); 58 ci-dessous, à gauche Chris Drake (John Plummer)/Homes & Gardens; 58-9 Tim Beddow/The Interior Archive; 60-1 Simon Upton/Elizabeth Whiting & Associates ; 60 à gauche Steve Gross et Sue Daley (Vezna et Jim Tozzi); 61 ci-dessus, à droite David Parmiter/Homes & Gardens/Robert Harding Syndication; 61 Ci-dessous, à droite Hotze Eisma; 62 ci-dessus, à droite Fritz von der Schulenburg (Chesterton)/The Interior Archive; 62 ci-dessus, à gauche Tim Street-Porter (Artiste: Nancy Kintisch/Décorateur: Hedborg et Jarrett); 62 ci-dessous, à gauche Simon Wheeler; 63 Jan Baldwin (Andrew Mortada); 64-5 ci-dessus Jean-Pierre Godeaut; 64 ci-dessous, à gauche Ianthe Ruthven; 64-5 ci-dessous Ianthe Ruthven; 65 à droite Martyn Thompson; 66 ci-dessous, à gauche Wayne Vincent (Designer: Lesley Saddington)/The Interior Archive; 66 ci-dessus, à gauche Tim Street-Porter (Artiste: Nancy Kintisch/Décorateur: Jarrett et Hedborg); 66-7 Paul Ryan/International Interiors; 67 ci-dessus, à droite Jean-Pierre Godeaut (Lisa Lovatt Smith); 67 ci-dessous, à droite Marianne Majerus; 68 ci-dessus Fritz von der Schulenburg (Décorateur: Ari Shand) The Interior Archive; 68 ci-dessus, à gauche Tim Street-Porter (Artiste: Nancy Kintisch/Décorateur: Jarrett et Hedborg); 68 ci-dessous, à gauche Scott Frances/Esto; 68 ci-dessous, à droite John Hall; 69 Nicolas Tosi (Styliste: J. Borgeaud)/ Marie Claire Maison; 70-1 James Mortimer (Ruth Harjula)/The World of Interiors; 71 ci-dessus Studio Brackrock; 71 ci-dessous Mark Bolton (Debbie Creed)/Homes & Gardens; 72 ci-dessus, à gauche Tim Street-Porter (Artiste: Nancy Kintisch/Décorateurs: Jarrett et Hedborg); 72 ci-dessous, à gauche Hotze Eisma; 72-3 Jean-Pierre Godeaut; 73 ci-dessus, à droite Michael Freeman; 73 ci-dessous, à gauche Eric Morin; 74-5 Todd Eberle; 74 ci-dessous, à gauche Jean-Pierre Godeaut (Designer: Manuel Mestre); 74 ci-dessus, à gauche Nadia Mackenzie; 75 à droite Nadia Mackenzie; 76 Peter Woloszynski/The Interior Archive; 77 Tim Street-Porter (Tom Beeton); 78 ci-dessus, à gauche Tim Street-Porter (Tom Beeton); 78 ci-dessous Christopher Simon Sykes (Maxine de la Falaise)/The Interior Archive; 79 Steve Gross et Sue Daley; 81 ci-dessus Todd Eberle; 81 ci-dessous Jean-François Jaussaud; 82 Crown; 83 Tim Beddow (D. Rombeaut)/The Interior Archive; 85 James Mortimer/The World of Interiors; 86 Steve Gross et Sue Daley (Hasbrouk House); 90 Steve Gross et Sue Daley; 92 Peter Woloszynski/The Interior Archive; 96 Tim Clinch/The Interior Archive; 99 Simon Brown/The Interior Archive; 100 Hans Zeegers (Styliste: Linda Loenen)/ Ariadne; 101 Fritz von der Schulenburg (Designer: Mimmi O'Connell/Décorateur: Juliette Mole)/The Interior Archive; 102 ci-dessus, à gauche Jean-Pierre Godeaut (Dimitr Xanthoulis); 102-3 Ianthe Ruthven; 104 Nadia Mackenzie; 106 Mads Mogensen; 107 Steve Gross et Sue Daley (Ryan Gainey); 108 Pascal Chevalier/Agence Top; 110-11 Camera Press; 112 T. Jeanson/SIP; 114-5 Peter Woloszynski/ The Interior Archive; 116 Trevor Richards/ Homes & Gardens/Robert Harding Syndication; 118 Rene Stoeltie; 119 Simon McBride; 134-5 Peter Aprahamian/The World of Interiors; 142-3 James Mortimer/The World of Interiors; 144 Peter Aprahamian; 145 Peter Aprahamian; 146-51 Peter Aprahamian/The World of Interiors; 156-7 James Mortimer/The World of Interiors; 160 James Mortimer/The World of Interiors; 161 Christophe Dugied/Marine Archang; 162 ci-dessus, à droite Fritz von der Schulenburg/The Interior Archive; 163 Andreas von Einsiedal/Homes & Gardens/Robert Harding Syndication; 164-5 Fritz von der Schulenburg/The Interior Archive; 165 à droite Couturier/Archipress; 166 à droite Simon Brown (Justin Meath Baker); 168 à droite Hotze Eisma; 169 Christopher Simon Sykes (Celia Lyttleton)/The Interior Archive; 170 ci-dessus Tim Street-Porter (Michael Anderson); 170 ci-dessous Hotze Eisma; 171 Tim Street-Porter (Michael Anderson); 172 à droite Jean-Pierre Godeaut (Ecco Musée, Alsace); 172 ci-dessus, à gauche David Phelps; 174 à droite Jean-Pierre Godeaut; 174 au centre Nadia Mackenzie; 174 à gauche Christian Sarramon/SIP; 174 ci-dessous à droite Tripelon-Jarry/Agence Top; 175 ci-dessus David Phelps; 175 ci-dessous, à gauche Jane Gifford/Country Homes & Interiors/Robert Harding Syndication; 175 ci-dessous à droite Michael Freeman; 176 à droite Hotze Eisma; 176 à gauche Jean-François Jaussaud; 178 ci-dessus Elle Decoration (Hannah Lewis & Sue Parker); 178 au centre Jean-François Jaussaud; 178 ci-dessous Richard Felber; 179 ci-dessus Paul Ryan/International Interiors; 179 au centre Hotze Eisma; 179 ci-dessous Tom Leighton/Options/Robert Harding Syndication; 180 ci-dessus Christophe Dugied/Marine Archang; 180 à droite Fritz von der Schulenburg (Décorateur: Ari Shand)/ The Interior Archive; 181 ci-dessus, à droite Fritz von der Schulenburg (Décorateur: Ari Shand)/The Interior Archive; 181 ci-dessus, à gauche Nadia Mackenzie; 181 ci-dessous, à gauche Michael Freeman; 182 Andreas von Einsiedel/Homes & Gardens/Robert Harding Syndication.

Les photographies suivantes ont été faites spécialement pour l'édition de cet ouvrage.
Peter Aprahamian: 122, 123, 130-3, 136-7, 138-41, 158-9.
James Mortimer: 1, 54-5, 120-1, 124-7, 128-9, 152-3, 154-5.
Patrick McLeavey: 183-6, 188-9, 191-2, 194, 200.